Rudolf Eucken

Die Philosophie des Thomas von Aquino und die Kultur der Neuzeit

Rudolf Eucken

Die Philosophie des Thomas von Aquino und die Kultur der Neuzeit

ISBN/EAN: 9783743605763

Hergestellt in Europa, USA, Kanada, Australien, Japan

Cover: Foto ©Thomas Meinert / pixelio.de

Weitere Bücher finden Sie auf **www.hansebooks.com**

Die Philosophie des Thomas von Aquino

und die Kultur der Neuzeit

von

Rudolf Eucken

Zweite Auflage

Bad Sachsa, Südharz 1910
Hermann Haacke
Verlagsbuchhandlung.

Vorwort.

Die erste Auflage meines Büchleins über Thomas und die moderne Kultur war ein Abdruck eines längeren Aufsatzes in der Zeitschrift für Philosophie und philosophische Kritik (1885), dem wiederum Artikel in der Allgemeinen Zeitung zugrunde lagen. Da das Problem sich durch die Jahrzehnte erhalten hat, ja durch neuere Vorgänge auf kirchlichem Gebiet an Bedeutung eher noch gewachsen ist, da zugleich einer immer noch bestehenden Nachfrage nach dem Büchlein nicht mehr genügt werden konnte, so schien eine Neubearbeitung angemessen. Was diese sachlich an Neuem bringt, darüber berichtet das Nachwort; die damalige Darstellung fand ich jetzt recht mangelhaft und habe sie sowohl durch kräftige Kürzung als durch größere Klarheit und Einfachheit zu verbessern gesucht. So sei die Schrift, die früher viel Beachtung gefunden, ja Bewegung hervorgerufen hat, auch in der neuen Form einem freundlichen Interesse empfohlen.

Jena.

Rudolf Eucken.

Inhaltsübersicht.

Seite

I. Einleitung 7
II. Hauptuntersuchung
  1. Schilderung der eigentümlichen Art und Leistung des Thomas   8
  2. Kritische Erörterung
    a) Prüfung der Vereinbarkeit von Aristotelismus und Christentum . 15
    b) Prüfung des Anspruches des Thomismus, die Vollendung der christlichen Philosophie zu sein 21
    c) Prüfung des Anspruches des Thomismus, die Weiterbewegung der Menschheit in sich aufnehmen zu können
      α) in der Erkenntnislehre 26
      β) in der Naturlehre 28
      γ) in der Fassung des menschlichen Lebens
        αα) Individuum und Gesellschaft 31
        ββ) Staat und Kirche 34
        γγ) Das soziale Problem 38
III. Zusammenfassung 43
Nachwort 48

Die Bewegung der Geschichte fördert nicht nur Neues zutage, auch dem Alten verleiht sie oft eine neue Bedeutung. So erleben wir es heute. Die Philosophie des Mittelalters mit ihrem Höhepunkte, dem Thomas von Aquino, hielten wir für überwunden und abgetan; was sich von ihr in einzelnen Kreisen erhielt, das dünkte ein bloßer Rest der Vergangenheit. Jetzt aber tritt jenes vermeintlich Überwundene wieder in den Vordergrund des Lebens und verlangt nicht nur Duldung, sondern Herrschaft; es erklärt, wenn nicht in Worten, so durch die Tat allem den Krieg, was der Fortgang der Zeit an wesentlich Neuem gebracht hat. Es erklärt den Krieg nicht bloß der Schulphilosophie, es erklärt ihn der ganzen neueren Kultur. Denn verehrenswert macht Thomas seinen Anhängern nicht sowohl die Lösung technischer Fragen als die Gesamtgestaltung des Geisteslebens, im besondern der Versuch, Religion und Kultur, kirchliche Lehre und wissenschaftliche Einsicht zu fester Verbindung zu bringen. So ist bei der Frage ein allgemeines Interesse im Spiel; trifft der Angriff an erster Stelle die Philosophie, so trifft er in ihr nicht die Schul-, sondern die Weltwissenschaft. Darum vertritt die Philosophie ein Problem von allgemeiner Bedeutung, wenn sie die Beschaffenheit dessen prüft, was als endgültiger Abschluß geboten wird.

Nun kann man aber nicht leicht einen zeitweilig zurückgestellten Gegenstand wiederaufnehmen ohne eine Revision üblich gewordener Meinungen. So auch bei Thomas. Was eine andersgeartete Zeit und das rasch fertige Urteil des Tages dem mittelalterlichen Denken überhaupt beilegt, jenes Bild, das mehr Selbstbewußtsein der Gegenwart als Kunde der Vergangenheit zeigt, das überträgt sich mit allen Schiefheiten und Fehlern leicht auf den Mann, in dem die Eigenart mittelalterlicher Forschung zu gipfeln scheint. Als dunkel, verworren, abstrus wird ein Denker getadelt, der in Wahrheit ein nüchternes Räsonnement und eine durchsichtige Darstellung, ein eifriges Bemühen um Präzision der Begriffe und um eine systematische Ordnung bietet. Wie eine bloße Sache der Schule, wie ein Machwerk klügelnden Scharfsinns, ja leerer Spitzfindigkeit wird behandelt, was in seiner eignen Zeit erhebliche Interessen der Menschheit vertrat und diesen Interessen mit ganzer Hingebung diente. Ein Denker universaler Art wird unter Herausreißung einzelner Stellen zum Fanatiker gestempelt. In Wahrheit stünde es mit der gegenseitigen Verständigung der Denker besser, wenn alle mit ihren Gegnern verführen wie Thomas verfährt. Er pflegt die Erörterung von Streitfragen mit einer ruhigen Darlegung der gegnerischen These samt ihren Gründen und Stützen zu eröffnen. Dann erst wird den Bedenken Raum gewährt und die Wendung zur eignen Überzeugung begründet, das aber ohne eine Beschwörung von Leidenschaften, ohne ein Aufbieten gehässiger Schlagwörter. Wie seine Philosophie die Lehre vertritt, daß aller Haß aus Hemmung der Liebe entspringe und überall die Liebe den Haß überwiege, so neigt seine Natur dahin, anzuerkennen, nicht zu verwerfen, zu vermitteln, nicht zu entzweien.

Allerdings hat Thomas das Wissen dem Glauben, die freie Forschung der Autorität unterworfen. Aber das Verfahren einer ganzen Zeit ist nicht wohl dem Einzelnen zur Schuld zu rechnen. In der damaligen Lage hat Thomas weniger beengend als befreiend gewirkt. Denn bei aller Überordnung des Glaubens war er eifrig darauf bedacht, dem Wissen durch deutliche Abgrenzung ein selbständiges Gebiet zu sichern. Diese Abgrenzung aber bedeutete unter jenen Verhältnissen einen Gewinn an Freiheit. Auch seine persönliche Freude am Wissen um des Wissens willen ist unverkennbar.

Das alles läßt nicht vergessen, was uns von Thomas scheidet. Aber vor allem steht die Gerechtigkeit. Und die Gerechtigkeit verbietet es, das Vergangene nach modernen Maßen zu messen, alles, was nicht dem Zuge der Neuzeit folgt, von vornherein für unbedeutend, ja verkehrt zu erklären.

Eine Würdigung des Sachverhaltes aber läßt sich in zwiefacher Weise versuchen. Sie kann zuerst den innern Aufbau des thomistischen Systems verfolgen und es auf die Festigkeit seines Gefüges prüfen; sie mag sodann die Ergebnisse ins Auge fassen und ihren bleibenden Wert zu ermitteln streben. Das ergibt zwei Hauptabschnitte unserer Untersuchung.

Seiner Gesamtart nach gehört Thomas nicht sowohl zu den schaffenden als zu den ordnenden Geistern. Er hat nicht wie ein Plato eine neue Welt ursprünglichen Lebens erschlossen, nicht wie ein Kant eine Umwälzung des überlieferten Erkenntnisbestandes vollzogen, vielmehr arbeitet er mit gegebenen Faktoren; Mannigfaches zu verbinden, Verschiedenartiges auszugleichen, das bildet sein Lebenswerk. Indes braucht das nicht von vornherein etwas Geringes zu sein. Waren die einzelnen Faktoren wichtig, entsprang die Verbindung einem Verlangen der Menschheit, ist die Zusammenfügung haltbar, so könnte das Ganze immerhin bedeutend sein. Thomas' letztes Ziel liegt klar vor Augen. Er wollte Christentum und natürliche Welt in eine feste und freundliche Beziehung bringen, und zwar nicht in bloßem Entwurf, sondern in sorgsamer Durchbildung. Alt wie diese Aufgabe war, hatte sie eine besondere Gestalt eben damals gewonnen. Das alte Christentum war zunächst mehr darauf bedacht, gegenüber der vorgefundenen Kultur seine Eigentümlichkeit zu entfalten als sich jene anzugliedern. Als es aber später zur Weltherrschaft kam, da mußte es irgendwelche Verständigung mit der Kultur vollziehen. Das auf philosophischem Gebiet zu leisten, mochte dem Riesengeiste eines Augustin nicht unmöglich dünken, für die Idee einer christlichen Philosophie in großem Sinne ist er vornehmlich eingetreten. Aber was immer seine Lösung der Aufgabe bedeuten mag, Augustins Weise ist stürmisch und blitzartig; seinen riesenhaften Entwürfen fehlt eine gleichmäßige Ausführung. So entbehrte die erste Hälfte des Mittelalters eines gegliederten Systems, in dem sich Religion und Kultur, Glaube und Wissen miteinander verglichen hätten. Ein wachsendes Erkenntnisverlangen ließ das mehr und mehr als einen Mangel empfinden, die Erweiterung des Horizonts durch die Kreuzzüge und die Berührung mit der Welt des Islam steigerte dies Verlangen, und nun schien die Gunst des Geschickes eine volle Befriedigung zu verheißen, indem sie das Abendland die ihm fast ganz entschwundenen Schriften des Aristoteles wie einen neuen Schatz entdecken ließ. Ein allseitig entwickeltes wissenschaftliches Weltbild bot Aristoteles sicherlich; ließ es sich mit der christlichen Überzeugung verbinden, so schien ein allumfassendes Gedanken- und Kultursystem christlicher Art erreichbar. Diese Aufgabe war es, welche Thomas ergriff; sehen wir, wie er sie näher verstand, und wie er sie löste.

Was Thomas an Verschiedenem verbinden wollte, das wollte er in seinem ursprünglichen Bestande zusammenbringen. Aber diesen Bestand durch kritische Arbeit aus dem Befunde der Überlieferung herauszuschälen, ihn von allen Zutaten der Folgezeit zu befreien, kam dem mittelalterlichen Forscher nicht in den Sinn; er nahm ihn mit voller Unbefangenheit in der veränderten Fassung auf, die der Verlauf der Jahrhunderte herbeigeführt hatte. Das gilt besonders vom Christentum. Ihm war vornehmlich viel Neuplatonisches zugeflossen, bei einzelnen Denkern, ja Richtungen so viel, daß man fragen kann, ob nicht mehr das Christliche in den Neuplatonismus als das Neuplatonische in das Christentum eingetragen sei. In seinem Ausgang hatte das Altertum noch einmal seine Kraft zu einer weltumspannenden Gedankenschöpfung zusammengenommen: es erzeugte jenes großartige System Plotins, über dessen letzten Wert das Urteil heute noch immer schwankt, dessen überaus tiefen Einfluß auf die Begriffe und mehr noch auf das Gefühlsleben der Menschheit aber nur leugnen kann, wer die Geschichte nicht kennt. Dieses System gab alle Mannigfaltigkeit der Welt als Glied und Stufe eines einzigen Prozesses und zwar eines Denkprozesses; den letzten Grund des Ganzen aber rückte es so weit über alles sinnliche Dasein hinaus, daß alles Diesseitige zu einem bloßen Gleichnis der echten Wahrheit sank. Allem Besonderen trat hier ein Ganzes, allem Ruhenden ein Tätiges, allem Äußeren ein Inneres voran. Mit dem Gedanken reiner Geistigkeit erwuchs eine selbständige Innerlichkeit, ein reines Fürsichsein des Lebens.

Alles das aber entfaltete sich in zusammenhängender Durcharbeitung, in einem gegliederten Ganzen, das in strengerem Sinne als irgendeine der vorangehenden philosophischen Lehren System heißen darf.

Diese neuplatonischen Ideen brachten dem Christentum eine allumfassende Weltansicht geistiger Art, sie wirkten zur Ordnung und Gliederung des Lebens und Denkens, sie drängten dazu, die Daten in Gedanken, das Geschichtliche ins Ewige, das Ethische ins Allgemeingeistige umzuwandeln. In Wahrheit haben sich beide Welten innig verwoben. Auf ihrer Verschmelzung beruht jenes Ineinander geschichtlicher Daten und ewiger Wahrheiten, in dem Augustin die Lösung der Weltprobleme sucht, das von ihm aus zur Behauptung der Kirche wird, und das vornehmlich dem mittelalterlichen Geistesleben seinen Charakter verleiht. Über Augustin hinaus war aber der Einfluß des Neuplatonischen verstärkt durch die dem fünften Jahrhundert angehörigen Schriften des Dionysius, welche den Gehalt des Christentums ganz und gar einer mystischen Spekulation einfügten und solche Ablenkung von altchristlicher Art um so eher durchsetzten, als der unkritische Sinn des Mittelalters sie als eine bis in die apostolische Zeit zurückreichende Uroffenbarung verehrte. So war das Christentum, dem Thomas' Glaube galt, gegen das anfängliche nicht unerheblich weitergeführt und umgewandelt. Aber auch die Lehren des Aristoteles hatte die spekulative und mystische Gedankenwelt nicht unberührt gelassen, sie hat dieselben mehr ins Weiche, Stimmungsvolle, Religiöse gebildet, als zum Sinn des Mannes paßte, dessen baumeisterliches Denken und Wirken ganz und gar der nächsten Welt angehörte. Der Neuplatonismus hatte eine Art gemeinsamer Atmosphäre geschaffen, einen Gedankenkreis, in dessen traumhaftem Weben alle Elemente beweglich, ja fließend wurden. Schien hier alles Wirkliche nicht sowohl bedeutend durch das, was es unmittelbar aufwies, als durch das, was es anzeigte und ahnen ließ, so verschliffen sich alle Ecken und Kanten der Dinge, so gab es nichts Starres mehr, was der Versöhnung auch verschiedenartiger Elemente widerstehen konnte, sobald die Religion und das menschliche Gemüt eine solche verlangten.

Die Verbindung von Aristoteles und Christentum, der damit der Weg geebnet wurde, war früher schon in Angriff genommen. Zu Islam und Judentum war der Philosoph seit Jahrhunderten in enge Beziehung gebracht, unter den abendländischen Christen hatte Albert der Große das Werk mit umfassender Gelehrsamkeit begonnen. Aber die Aufgabe, die noch zu lösen blieb, war eine systematische Verbindung beider Welten ihrer ganzen Ausdehnung nach, ein freundlicher Ausgleich vom Großen bis ins Kleine. Dies eben war es, was die damalige Menschheit verlangte, um das Gleichgewicht ihres Lebens zu wahren. Und an die Lösung dieser Aufgabe hat Thomas eine unermüdliche, man darf wohl sagen staunenswerte Lebensarbeit gesetzt.

Aristoteles trat in jene Verbindung ein nicht als ein Denker neben anderen, sondern als der Philosoph schlechthin, nicht so sehr als der wissenschaftliche Ausdruck einer besonderen Zeit, sondern als der Gipfel aller auf eigne Kraft gestellten Forschung. Er bot dazu gerade das, was man suchte: er brachte einen überwältigenden Reichtum des Stoffes in gleichmäßiger Durcharbeitung und fester Verkettung, ja er steht an organisierender Kraft allen übrigen Denkern voran, er brachte ein Ganzes, das sich als den letzten Abschluß gab, das keine offnen Probleme, keine Aufforderung zu weiterer Arbeit enthielt, das somit dem der Annahme einer überlegenen Autorität geneigten Mittelalter wie entgegenkam.

Demnach bedeutet der Bund von Aristoteles und Christentum einen Zusammenschluß von Vernunftarbeit und religiöser Überzeugung. Die Art der Vereinbarung aber ist die, daß jedes Gebiet ein eigentümliches Recht erhält, indem alle verschiedene Stufen derselben Wahrheit bilden. Die gemeinsame Vernunft und ihr Vorwurf, die Natur und die Profangeschichte, bildet die untere Stufe; darüber erhebt sich die Welt des Christentums, die nicht aus der Vernunft entspringt, wohl aber, wenn einmal durch göttliche Gnade erschlossen, Gegenstand wissenschaftlicher Erörterung werden kann. Höheres und Niederes sollen sich dabei weder stören noch gleichgültig nebeneinanderliegen, indem das eine den bloßen Umriß, das andere die volle Durchbildung bedeutet. „Das göttliche Recht bricht nicht das menschliche." „Die Gnade zerstört nicht die Natur, sondern vollendet sie." „Die Vernunft ist die Vorläuferin des Glaubens." Innerhalb seiner Grenzen hat auch das Niedere seinen eigentümlichen Wert. Wissen und Glauben geraten nicht miteinander in Widerspruch. So verhalten sich Vernunft und Offenbarung weit freundlicher zueinander als z. B. bei Luther, der sich nicht genug darin tun kann, den schroffen Gegensatz von Natur und Gnade hervorzukehren.

Aber das Reich der geschichtlichen Offenbarung, das Reich der Gnade, bringt noch nicht den letzten Abschluß; über ihm wölbt sich das Reich der Herrlichkeit (gloria) und eröffnet eine unmittelbare Anschauung Gottes. Und zwar eröffnet sich diese im Gebiet der Mystik, diesem reinsten Ausdruck des Gefühlslebens des Mittelalters. Aber auch hier bleibt eine Stufenfolge gewahrt. Denn in jenes Gebiet trägt nicht der freie Aufschwung individueller Begeisterung, sondern der Weg dahin führt durch die kirchliche Ordnung hindurch. Es dient aber der Verinnerlichung dieser Ordnung, daß sich über den geschichtlichen Daten eine zeitlose Offenbarung, über dem vermittelten ein unvermitteltes Erkennen des Höchsten auftut, es dient der Befreiung von Härten und Mißständen der geschichtlichen Lage, daß sie als von einer unsichtbaren Ordnung getragen erscheint. So liegen bei Thomas drei Welten übereinander, die der Natur, der Gnade, der Herrlichkeit (natura, gratia, gloria). Dabei vergißt er nicht zu bemerken, daß, wenn sich uns die Wahrheit auf verschiedenen Wegen erschließt, sie bei Gott eine einzige ist.

Da der Inhalt dieser Welten in der Hauptsache von der Vergangenheit als unbestreitbar angenommen wurde, so hat Thomas' Denken mit gegebenen Elementen zu tun, und auch die allgemeine Art der Verknüpfung steht ihm fest. Aber trotzdem hatte er ein gewaltiges Stück Arbeit zu leisten. Denn im Zusammentreffen der Systeme schienen hier Lücken, dort Widersprüche in Hülle und Fülle zu entstehen. Bei vielen wichtigen Problemen — denken wir nur an die psychologischen und die ethischen Lehren — hatte jedes System eine Antwort eigentümlicher Art; diese Antworten in einen Zusammenhang und in eine aufsteigende Reihe zu bringen, das war keine leichte Sache, sobald mit der Durcharbeitung der Grundtendenz in alle Fülle des Stoffes hinein voller Ernst gemacht ward. Das aber wurde es bei Thomas. Denn er ist kein bloß entwerfender oder aphoristischer Denker; er strebt nach einem System, das alles in sich schließt und allem seine Farbe verleiht. So bedurfte der überkommene Stoff allerdings der Verarbeitung, in die erstrebte Form war er nur zu bringen durch ein Zusammenwirken sondernder und verbindender Tätigkeit. Denn zunächst war deutlich zu scheiden, was hierher und dorthin gehöre, war vor allem die Grenze zwischen der natürlichen Vernunft und der Offenbarung scharf zu ziehen; alsdann aber galt es, das Verwandte unter sich zu verknüpfen und als eine Stufe dem Ganzen einzufügen.

Jede dieser Aufgaben erzeugt ein entsprechendes wissenschaftliches Verfahren. Dort entfaltet sich eine scharfsinnige Distinktion, hier ein verkettendes Schlußverfahren.

Das Hauptmittel zu sondern und scheinbare Widersprüche zu lösen war die Verästelung der überkommenen Begriffe, der Nachweis, daß das, was als einfach genommen war, eine mehrfache Bedeutung habe. Solches distinguierende Verfahren zeigt Thomas im Gesamtaufbau, wie in der prinzipiellen Scheidung des Weltlichen und des Geistlichen, sowie in der Interpretationsmaxime, neben dem buchstäblichen Sinne der Bibel noch drei verschiedene Arten geistigen Sinnes anzuerkennen; es zeigt sich nicht minder an unzähligen Einzelproblemen und Grundbegriffen. Schwerlich hat irgendein Denker vor Thomas mit solcher Beharrlichkeit widerstreitende Systeme durch den Nachweis zu versöhnen gesucht, der Gegensatz sei nur scheinbar; was zunächst feindlich aufeinanderstoße, könne sehr wohl nebeneinander bestehen, da die Zwietracht nicht den Kern der Sache betreffe, sondern bei wesentlicher Übereinstimmung über das Ziel der eine diesen, der andere jenen Weg verfolge, der eine den Gegenstand in dieser, der andere in jener Beziehung nehme. Gewiß enthält solches distinguierende Verfahren die Gefahr, wirkliche Gegensätze zu verdunkeln, aber es ist damit bei Thomas unleugbar ein tüchtiges und wichtiges Stück Arbeit geleistet, manche wichtige Unterscheidung für die Dauer gewonnen, das ganze Begriffssystem weiter verzweigt und verfeinert. Auch wir Neueren zehren noch vielfach davon.

In entgegengesetzter Richtung, zur systematischen Verknüpfung der Erkenntnis, wirkt eine kräftige Ausbildung und unablässige Verwendung des syllogistischen Verfahrens. Es diente, die Gedanken wie in ihre Voraussetzungen so in ihre Folgen zu entwickeln, zwischen den einzelnen Punkten Bindeglieder aufzuweisen, die zerstreuten Sätze zu verketten. Auch hier hat Thomas tüchtiges geleistet. In der Bildung großer Reihen, dem Aufdecken von Berührungspunkten, dem Zusammenfassen weiter Mannigfaltigkeit übertreffen ihn wenige Denker.

Das System, das aus solchem Stoff und in solcher Weise entsteht, darf durchaus nicht als unbedeutend gelten. Ein sehr ausgedehnter Bereich wird von der Arbeit der Wissenschaft umspannt. Die Anerkennung mehrerer Welten, die Stufenordnung der Zwecke gestattet verschiedenartigsten Forderungen zu entsprechen. Zeitliches und Ewiges, Geschichte und Natur, Menschliches und Außermenschliches, alles kommt hier zur Geltung, ohne scheinbar einander zu stören. Alle Mannigfaltigkeit ist einem weitschichtigen, aber nicht unübersichtlichen Bau eingefügt. Verbindende Begriffe durchziehen das Ganze, aber zugleich hat jedes Einzelne seine besondere Stelle, an der es zu Hause und im Rechte ist. Mag das Mannigfache mehr nebeneinander gebreitet und aneinander gereiht als aus einer leitenden Idee entwickelt sein, eine großartige Anlage und eine umsichtige Abmessung ist nicht zu bestreiten. — Der Einigung dient vor allem die Idee einer ununterbrochenen Stufenfolge der Dinge, von ihr aus erscheint das All als ein lückenloses und wohlgeordnetes Reich. Inmitten seiner Ordnung steht der Mensch, aber an einer so bedeutenden Stelle, daß er nicht bloß eines neben anderem ist. Denn in ihm trifft Sinnliches und Geistiges zusammen, er steht an der Grenze von Zeit und Ewigkeit. Ja wie ein Auszug des Alls faßt er alle Kräfte in sich und darf daher mit Recht Mikrokosmos heißen. Da nun das Zusammentreffen des Verschiedenen eine Aufgabe stellt und eine Entscheidung verlangt, da es hier die Natur dem Geist zu unterwerfen gilt, so entsteht eine große Spannung; was hier geschieht, das greift in das Geschick des Ganzen ein. Aber wenn sich insofern das Menschengeschlecht in zentraler Stellung befindet, so besitzt es eine solche nicht von sich aus, sondern nur aus den Zusammenhängen des Alls und der göttlichen Ordnung. Die gemeine Zwecklehre, welche den Menschen für sich zum Mittelpunkt des Weltalls macht, liegt Thomas fern.

Aus alttestamentlichen Stellen sucht er jene Lehre lieber durch gewagte Deutung zu entfernen, als daß er sich in seinen philosophischen Überzeugungen beirren läßt. Eine weihevolle Stimmung durchdringt das Ganze. Wie in einem gewaltigen Dome steigen wir von dem Vorhof der Welt zum Heiligen auf, um ein Allerheiligstes zu erwarten. Das Niedere enthält schon, wenn auch noch schlummernd, ein Verlangen nach dem Höhern und bekräftigt es durch geheimnisvolle Zeichen und Ahnungen. Alle Stufenfolge der Zwecke schaut schließlich nach dem einen Ziele der göttlichen Herrlichkeit. Wie ein Tempeldienst mag daher auch die Wissenschaft erscheinen. Daß aber die Weltanschauung des Thomas auch eine künstlerische Gestaltung erlaubt, das zeigt Dantes großes Werk. Denn Thomas ist es, dem es seine philosophischen Grundlagen verdankt. So sind wir entfernt davon, das System des Thomas geringzuachten. Aber mit allem, was wir bereitwillig anerkennen und besonders in Hinsicht auf die geschichtliche Lage schätzen, ist keineswegs unsere heutige Stellung zur Sache entschieden.

Von welchem Punkte aus aber sollen wir uns darüber zu vergewissern suchen? Wir meinen, von keinem andern als dem, der am meisten charakteristisch für Thomas ist, von der engen Verknüpfung aristotelischer Philosophie und christlicher Lehre. Ob diese Verknüpfung haltbar sei, ist vor allem zu prüfen, damit sich ein gerechtes Urteil über Thomas' Unternehmen und Leistung bilde.

Daß Aristoteles im Mittelalter dem Christentum wohl vereinbar schien, ist leicht begreiflich. In den grundlegenden Überzeugungen und Schätzungen dünkte er christlicher Art geistesverwandt, ja ein Vorläufer des Christentums. Er müßte nicht Schüler Platos sein, wenn ihm nicht Geist und Gedanke die Welt beherrschten. Nicht in die äußeren Güter, nicht in die Lust, sondern in Wirken und Schaffen, in die volle Entfaltung und Darstellung einer vernunftbegabten Natur setzt er die Glückseligkeit. Er schätzt das Gute um seiner selber willen und hebt es unvergleichlich über alles Nützliche hinaus. Die Welt faßt sich ihm in ein Ganzes zusammen, und dies Ganze wird getragen von göttlicher Kraft. Wohl ist er vornehmlich dem Befunde der Welt zugewandt, aber eben dieses hatte den Vorteil, daß dadurch alle Gefahr eines Zusammenstoßes mit den Glaubenswahrheiten des Christentums entfiel; ja es konnte seine Zurückhaltung als eine Selbsteinschränkung der Forschung erscheinen, welche der höhern

Welt des Christentums völlig freien Platz beließ. Der Inhalt jener Forschung mochte aber umsomehr als die bleibende Höhe aller Vernunfterkenntnis gelten, als Aristoteles, so gewiß sein Denken in den Zusammenhängen griechischen Lebens wurzelt, durch sein Streben nach rein begrifflicher Gestaltung und Begründung die Abhängigkeit von einer besonderen geschichtlichen Lebensform nicht leicht zu erkennen gibt. So wenig seine Lehren aus freischwebendem Denken hervorgegangen sind, sie verraten nicht sofort durch einen bestimmten Erdgeschmack die Zugehör zu diesem besonderen Boden. Sie können daher einer für scharfe Erfassung geschichtlicher Eigentümlichkeit wenig befähigten Zeit ganz wohl ein zeitüberlegener Ausdruck allgemeiner Vernunfterkenntnis dünken. Haben sie doch auch angesehenen Forschern der Neuzeit, wie einem Trendelenburg, als der Höhepunkt aller philosophischen Leistung gegolten.

Aber bei alledem können wir nun und nimmer glauben, daß Aristoteles im Ganzen seiner Art bei Thomas richtig gewürdigt wird, nicht glauben, daß seine Lehre sich in ein von der Religion beherrschtes System gliedmäßig einfügen läßt.

Wohl hat Aristoteles einzelne Äußerungen, die ein Verlangen nach einer höheren Welt im Sinne Platos zu bekunden scheinen. Aber diese Stellen drücken keineswegs seinen Grundcharakter aus. Über das Wesen eines Denkers entscheidet das Ganze seiner Arbeit, das Gefüge seiner Begriffe, die Eigenart seiner Methode. Und in dem allen ist Aristoteles durchaus ein Philosoph der Immanenz. Die Welt, wie sie vorliegt, ist ihm ein eng zusammenhängendes und vernünftig geordnetes Ganzes. Was er an Gegensätzen annimmt, auch der Gegensatz des Irdischen und des Himmlischen, liegt innerhalb dieser Welt. Wie er die platonische Scheidung zweier Welten ablehnt, so kennt er keine Richtung des Strebens auf ein Jenseits, keine Erziehung des Menschen für ein Jenseits. Was er an Ewigem verehrt, das ist innerhalb dieses Lebens erreichbar; eine individuelle Unsterblichkeit kann nur künstliche Interpretation in ihn hineinsehen. Ebensowenig kennt er einen Vorsehungsglauben. Gerade darin, daß sich die Welt aus eignen Zusammenhängen als vernünftig darstellt, daß die Dinge im Wirken ihr ganzes Wesen, ihre innerste Seele erschließen oder vielmehr erst gewinnen, daß kein dunkler Grund hinter oder über der umgebenden Welt verbleibt, sondern daß die Wirklichkeit in dem, was hier geschieht, ihre ganze Fülle erschöpft, eben darin liegt das Eigentümliche des Aristoteles, das seiner Forschung in Inhalt und Form ein unterscheidendes Gepräge gibt. Ob alle seine Äußerungen sich genau in der Konsequenz jener Weltanschauung halten, darüber mag man streiten; unbestreitbar ist der Kern seiner Lehre. Wäre richtig, was die tun, welche auf Grund einzelner herausgerissener und umgedeuteter Stellen den Aristoteles zu einem Vorläufer des Christentums, ja zu einem halben Christen machen, so könnte man ziemlich aus jedem Philosophen je nach Wunsch einen Christen oder Buddhisten, einen Juden oder Mohammedaner formen.

Solches Unternehmen der Versöhnung kann überhaupt nur so lange möglich scheinen, als die Betrachtung bei den allgemeinsten Umrissen des Systems stehen bleibt. Sobald wir uns aber zum näheren Inhalt der einzelnen Gebiete wenden, zeigen Christliches und Aristotelisches durchgehend einen vollen Gegensatz. Wenn z. B. der aristotelische Staat alles menschliche Vernunftleben zur Verwirklichung bringen will, wenn er die selbstgenugsame (αὐτάρκης), keiner Ergänzung bedürftige Gemeinschaft bildet, wenn er wie alle Lebensinteressen, so auch die religiösen in seinen Bereich zieht, so sollte es kein Widerspruch sein, daneben und darüber ein Gebiet kirchlicher Ordnung zu stellen oder auch nur die Lebensaufgaben zwischen Staat und Kirche zu teilen? Und wie vereinigt sich mit der antiken Hingebung an den Staat, als die Gemeinschaft, die den Menschen erst zum Menschen macht („der Staat ist früher als der Mensch"), jene Lebensstimmung, die wie Thomas es oft und gern tut, das Jenseits „Vaterland" nennt, hier keine bleibende Stätte hat? So ist durchgängig Erkennen und Handeln bei Aristoteles anders beschaffen als in der christlichen Welt. Jegliches Tun findet dort im Tun selbst, in der Entfaltung der Kraft sein Ziel und seine Freude. Im praktischen Handeln gilt es die Natur der Vernunft zu unterwerfen, die seelische Kraft im sinnlichen Stoffe darzustellen. Erst in solchem Handeln erreicht der Mensch die Höhe seines Wesens. Damit erhält das sichtbare Wirken, erhalten die äußern Bedingungen und Umgebungen einen so mitbestimmenden Einfluß, daß schon das spätere Altertum daran Anstoß nahm, wie z. B. Plotins Lehren dagegen fortwährenden Protest erheben. Und diese Lehre sollte sich so einfach an die christliche anschließen, welche das Handeln erstwesentlich in eine Innenwelt verlegt und hinter der Gesinnung alle äußere Leistung zurücktreten läßt?

Was aber das Erkennen betrifft, so sei nur dessen gedacht, daß Aristoteles volles Vertrauen zur Vernunft besitzt, daß nie einem andern Denker seines Ranges die Überzeugung, mit der Arbeit inmitten der Wahrheit zu stehen, so unmittelbare Gewißheit, so sichere Grundlage des wissenschaftlichen Verfahrens gewesen ist. Wer übertrifft ihn in dem Streben, einen abschließenden Zusammenhang zu ermitteln, von der Tatsache zu den Gründen, dem „Daß" zu dem „Warum" vorzudringen? Solches Streben trägt in sich die Überzeugung, die Vernunft habe, wo immer einen Vorwurf und ein Interesse, da auch ein Vermögen der Entscheidung. Läßt sich mit solcher Überzeugung das Verlangen nach einer Offenbarung im kirchlich-christlichen Sinne verbinden, oder ist dieses nicht vielmehr aus tiefster Erschütterung des Glaubens an die Vernunft entsprungen? Oder läßt sich etwa mit Thomas das Abkommen treffen, daß bis zu einem gewissen Punkt die Vernunft Vertrauen verdient, jenseits seiner aber allein die Offenbarung das Wort hat? Das wäre etwa möglich, wenn sich die Gebiete räumlich gegeneinander abgrenzen, sowie das Innere des Menschen mit seinen Strebungen und Gefühlen in Stücke zerteilen ließe. Warum der Mensch der Neuzeit auf eine solche Teilung und Scheidung nicht eingehen kann, das wird gleich zur Sprache kommen; keinesfalls liegt sie im Sinne des Aristoteles.

Die Eigenart der aristotelischen Philosophie erkennen heißt in Wahrheit ihre einfache Angliederung an einen christlichen Gedankenbau verwerfen. Kein anderes System ist bis in alle einzelnen Begriffe hinein so sehr griechischem Boden verwachsen. Und es liegt eine weite Kluft zwischen dem Christentum und einer Denkart, deren Hauptvertreter Plato, Aristoteles, Plotin einmütig die Form zum allbeherrschenden Wertbegriff machen, alle geistige Förderung vom Erkennen erwarten, von einem radikalen Bösen innerhalb des Geistes nichts wissen, das Ewige gleichmäßig den ganzen Lauf der Geschichte durchdringen, nicht in eines Person und in eines Lebenswerke gipfeln lassen. Wenn diese Punkte den altchristlichen Denkern einzeln selten, in ihrem Zusammenhange aber nicht einmal einem Augustin zu vollem Bewußtsein kamen, so urteilte man dem Gesamteindruck nach zutreffender über die Geistesverwandtschaft der einzelnen Philosophen mit dem Christentum. Daß Aristoteles mit seiner Abweisung einer übersinnlichen Welt, seiner engen Verkettung des Geistigen und des Sinnlichen, seiner naturwissenschaftlichen Art von jenen dreien dem Christentum am fernsten stehe, darin waren die meisten einig.

Wenn Thomas darüber anders dachte, wenn er alle Arbeit daran setzte, Aristotelismus und Christentum zusammenzubringen, so konnte das nur geschehen, weil ihm beider Welten Eigenart nicht in ihrer lebendigen, treibenden und abstoßenden Kraft gegenwärtig war, weil sein Mühen viel weniger auf ein Erfassen vom tiefsten Grunde her, auf ein Aneignen der letzten Triebfedern als auf ein Nebeneinanderausbreiten und Zusammenbringen der einzelnen Ergebnisse gerichtet war. Hätten ihm die einzelnen Welten in der ganzen jugendlichen Frische, in dem Stande des Werdens, und nicht in einer verblaßten Gestalt vorgelegen, wären sie aus ureignem Ringen und Sorgen erwachsen und nicht auf Autorität hin angenommen, durch Gelehrsamkeit übermittelt, er hätte nicht als Christ große Gebiete des Seins einer andersartigen, fremden Philosophie preisgeben, nicht als Aristoteliker jenseits unserer Welt eine andere Lebensstätte zulassen dürfen.

So kann er nur deswegen die Gegensätze zu versöhnen scheinen, weil sich ihm ihre Schärfe von vornherein abgeschliffen hatte. Er war eben weniger ein schaffender Geist, der sich selbst seine Welt gestaltet, als ein bloßer Gelehrter, der sich an fremdem Besitze zu tun macht. Diesem ist vieles möglich, was jener verwerfen muß.

Der Mißstand der Gesamtanlage wurde aber eine fortdauernde Quelle von Fehlern im Einzelnen. Wir sahen, daß Thomas seinen Plan nicht nur entwerfen, sondern auf allen besondern Gebieten, an jedem einzelnen Probleme durchführen wollte. Dabei mußte der beschwichtigte, nicht überwundene Gegensatz an jeder Stelle von neuem hervorbrechen. Thomas' Arbeit fand so Aufgaben über Aufgaben, und sie hat sich an ihnen tapfer genug erwiesen. Aber unüberwindlich blieb das Mißverhältnis, daß vereinbart werden sollte, was im Grundtriebe auseinanderstrebt und im Unterscheidenden der Richtung seine Größe hat. So mußten an der ehernen Notwendigkeit der Sache auch die glänzendsten Leistungen des Scharfsinns zerschellen. Gerade deswegen, weil Thomas bedeutende Kraft aufzubieten vermochte, weil er mit zäher Energie die leitenden Gedanken in alle Fülle des Stoffes hineinarbeitete, mußte sich der sachliche Widerspruch steigern, die Irrung um so tiefer eingraben.

Denn verhängnisvoll dem menschlichen Streben wird nur das Große, wenn es auf falsche Bahnen gerät, während das Kleine, wie ohne Nutzen, so ohne Gefahr vorbeizieht.

Die eminente syllogistische Kraft des Thomas brachte die Versuchung, sich dem einfachen und unmittelbaren Eindruck der Dinge zu entfremden und im Ausspinnen langer Folgerungen den schlichten natürlichen Sinn mehr und mehr aus dem Auge zu verlieren.

Leicht verschoben sich dabei unvermerkt die Begriffe und entfernten sich mehr und mehr von der anfänglichen Bedeutung. Nicht anders erging es dem scheidenden Verfahren. Nicht geleitet durch lebendige Anschauung der Sache erlag es der Gefahr, gegen reale Gegensätze eine bloße Spaltung verschiedener Bedeutungen aufzubieten, schwere Kämpfe um große Fragen für bloßen Wortstreit auszugeben, in Wahrheit einander widersprechende Lösungen lediglich wie verschiedene Fassungen oder Seiten derselben Überzeugung zu behandeln. Wo irgend ein Einwand auftritt, da ist sofort eine neue Unterscheidung bereit, ihm die Spitze abzubrechen. Mit solchen logischen Mitteln ausgerüstet mag der Denker geradezu unangreifbar scheinen; auch das Fremdartigste kann er sich assimilieren, auch das Feindlichste einander versöhnen. Aber er kann das alles nur auf Kosten der Sache, des einfachen und charakteristischen Sachgehaltes. Es war hier ein abschüssiger Weg betreten, der in fortlaufender Steigerung künstlichen Verfahrens immer mehr Gefahren brachte. Das ist der Grundfehler der Scholastik, daß sie durch logische Fertigkeit erzwingen will, was der Wahrheit der Sache widerspricht.

Daher war ohne einen Bruch mit der Scholastik kein Fortschritt der Erkenntnis möglich. Als aber dieser Bruch eintrat, da waren der Neuzeit gemeinsam die Forderungen: frisches, unbefangenes Ergreifen der Tatsachen, Rückkehr zu dem ersten und eigentlichen Sinn, Unterwerfung der Denkarbeit unter den Zwang realer Probleme und objektiver Wahrheit.

Wenn aber die Neuzeit Widersprüche fand, wo das Mittelalter keine sah, so kam das daher, weil sie aus größerer Ursprünglichkeit des Lebens mehr Ansprüche wie an seine Einheit, so auch an die Einheit und den Zusammenhang des Wissens stellte. Der moderne Mensch kann es nicht mehr ertragen, daß sich im Erkennen verschiedenartige Denkweisen nebeneinander behaupten, daß hier die eine, dort eine andere Richtung verfolgt und eine Ausgleichung derselben wie durch einen Vertrag zwischen auswärtigen Mächten gesucht wird. Er besteht darauf, daß ein Gesamtleben alles umfasse, und daß alles Einzelne den Charakter des Ganzen wahre. Das aber tut er und muß es tun, weil uns zum Hauptträger des Lebens die geisterfüllte, in unsichtbaren Zusammenhängen begründete Persönlichkeit geworden ist, während es dem Mittelalter die Kirche und zwar die sichtbare, organisierte Kirche als Verkörperung des Gottesreiches war. Einer solchen Kirche können weit leichter verschiedene, nur hier und da verbundene Stockwerke für eine innerlich zusammenhängende Einheit gelten. Der Einzelne aber mag nach seiner besonderen Art sich hier oder dort seine Stellung suchen, er trägt keine Verantwortung für das Ganze. Auch darf bei dem Unternehmen Widerstreitendes zu verbinden der Mangel des Mittelalters an historischem Sinn nicht unbeachtet bleiben. Eben weil das Mittelalter sich mit seinen Begriffen ganz der Vergangenheit ergibt, weil es Fremdes und Eignes in eins verschmilzt, vermag es nicht aus der Gegenwart heraus in eine andere Zeit zu treten und den Unterschied der Epochen zu bemessen. Sobald die Neuzeit darin Wandel geschaffen, sobald die historische Forschung jedem das Seine gegeben, im besondern den Unterschied von Christentum und Altertum klarer erfaßt hatte, mußte als unmöglich erscheinen, was dem Mittelalter ganz wohl möglich dünkte.

So viel erhellt aus dem allen, daß, was uns Neuere von der Scholastik trennt und uns die Wiedererneuerung der mittelalterlichen Philosophie abzulehnen zwingt, nicht an erster Stelle eine Abweichung über einzelne Probleme ist, überhaupt nicht ein Gegensatz bloß wissenschaftlicher Art. Vielmehr reicht der Zwist bis zum Grunde des Lebens. Denn warum wir kämpfen, ist letzthin dieses, ob in Arbeit und Gewissen des einzelnen Vernunftwesens eine unmittelbare Erschließung des Geisteslebens erfolgen kann, oder ob dem Menschen alle Geistigkeit seines Daseins erst durch die Kirche und zwar — wie keinen Augenblick vergessen sei — durch die sichtbare, organisierte, von Einem Willen geleitete Kirche zugeht. Denn so liegt der Gegensatz, nicht so, daß wir andern alle und jede Gemeinschaft, alle und jede Abhängigkeit verwerfen und alle Geistigkeit auf den Punkt des Einzellebens stellen.

Indes für den Widerspruch der thomistischen Philosophie mit der modernen Denkweise entschädigt vielleicht vollauf der Gedanke, daß sie den angemessenen wissenschaftlichen Ausdruck des Christentums bilde, daß sie als Vollendung der christlichen Philosophie zu gelten habe. Wir können das innere Gefüge des thomistischen Systems nicht verlassen, ohne diesen Punkt zu untersuchen. So sehr es dabei die Grenze unserer Aufgabe überschreiten würde, die Frage anders als historisch zu behandeln und so nebenbei Recht und Möglichkeit einer christlichen Philosophie zu erörtern, so ist doch dagegen Verwahrung einzulegen, daß das Problem von vornherein als sinnlos und töricht verschrien werde. Wer sich kleine Begriffe von der Sache macht, wer die Religion als eine bloße Zutat, ein Anhängsel des Lebens erachtet und sich den Einklang des Wissens mit ihr nur in der Form einer blinden Unterwerfung der Forschung unter das kirchliche Dogma vorstellen kann, der mag sich billig darüber ereifern. Aber es sind doch auch andere Fassungen möglich. Eine große Weltreligion ist mehr als eine Summe von Vorschriften und Einrichtungen; einen inneren Zusammenhang und eine belebende Seele erhalten diese nur durch die Gestaltung einer eigentümlichen geistigen Wirklichkeit und eines eigentümlichen Lebenstypus, der in der sichtbaren und greifbaren Seite der Religion zum Ausdruck kommt. Einen solchen Lebenstypus enthält in deutlicher Abhebung von allen anderen Gestaltungen ohne Zweifel das Christentum; eine Philosophie also, die zu ihm eine nähere Beziehung sucht, müßte in ihren prinzipiellen Überzeugungen jenem Typus entsprechen, sie müßte ein Verständnis für ihn zu erwecken verstehen, sie dürfte zum mindesten ihn nicht mit einer fremdartigen Denkart verquicken.

Nun hat Thomas sicherlich religiöse Überzeugung und philosophische Arbeit in großem Sinne miteinander in Einklang zu bringen gesucht, vollauf ist gegenüber engeren Fassungen dieses Problems anzuerkennen, daß er auch von der Religion aus der Philosophie eine bedeutende Aufgabe zuweist, daß er sie nicht als einen gefährlichen Gegner, sondern als einen wertvollen Freund behandelt. Es entspricht seiner ganzen Art, auch in dem, was außerhalb des spezifisch kirchlichen Kreises liegt, das Verwandte und Entgegenkommende aufzusuchen, nicht den Gegensatz hervorzukehren.

Aber so sehr wir die Weite schätzen, sie wird zur Gefahr, wenn sie der scharfen Ausprägung des Charakteristischen Abbruch tut, wenn sie gar einer andersartigen Denkart Zugang in den Lebenskreis der Religion gewährt. Und das ist bei Thomas geschehen. Die aristotelische Philosophie, der nach seiner Absicht der untere Stock des geistigen Baues gehört, dringt auch in den oberen ein und droht ihn seiner eigenen Art zu entfremden. Die Aneignung eines so gewaltigen Systems ist eine gefährliche Sache: die Macht der Dinge zieht dabei leicht nach anderer Richtung als das menschliche Wollen. Denn was ganz durchdacht, bis in alle Einzelheit ausgeführt, zu lückenlosem Gefüge gestaltet ist, das erhält auch bei äußerer Unterordnung leicht das Übergewicht; so haben sich auch bei Thomas in Wahrheit die Machtverhältnisse gegen den Willen des Denkers verschoben, und es ist in seinem

System sowohl in Methode als Ergebnis der antike Denker oft über den christlichen Herr geworden.

Es ist die Offenbarung, nicht die Vernunft, von der Thomas eine Aufklärung über die letzten Wahrheiten hofft. Aber nachdem die Offenbarung die Daten gegeben und die Autorität sie übermittelt hat, wird über das Warum und das Wie, über den Zusammenhang der Teile usw. in einer Weise spekuliert, die vollstes Vertrauen zum Vermögen der menschlichen Vernunft verrät. Diese erhält eine Schranke nicht von innen heraus, sondern mehr in äußern Grenzen, die sie nicht aus eigner Kraft, sondern nur mit Hilfe göttlichen Beistandes überschreiten kann. Ist sie aber einmal in die Welt der Gnade eingeführt, so macht sie sich auch an dem Übersinnlichen zu tun und verfährt hier nicht viel anders als an dem, was sie aus eigner Kraft errang. Vor allem darin wandelt hier Thomas die Wege des Aristoteles, daß er überall auf einem „Warum" besteht. Denn auch in göttlichen Dingen genügt ihm nicht die bloße Tatsache, er will die Möglichkeit der Glaubenswahrheiten verstehen und sieht nicht, daß er mit seinem logisch-dialektischen Verfahren, mit seinem kausalen Verketten den schlichten Bestand der Überlieferung überschreitet, ja umgestaltet. Wer ausführlich erörtert und zu beantworten sucht, warum die Welt so und nicht anders eingerichtet sei, warum es vergängliche Wesen, warum es Menschen gebe, warum Böses zugelassen, warum es gerade in dieser Weise der Erlösung überwunden sei, der steht tief im Rationalismus, nicht gerade in dem des 18. Jahrhunderts, wohl aber in dem, welchem in Kants Kritik ein unerbittlicher Gegner erwachsen ist. Daß Thomas nicht selten von der Beschränktheit unserer Einsicht redet, daß er gern das pseudoaristotelische Wort gebraucht, unser Denken verhalte sich zu den höchsten Dingen wie das Auge der Fledermaus zur Sonne, ändert daran nichts; nicht solche Ausdrücke entscheiden, sondern das tatsächliche Verhalten. Und in diesem hat Thomas dem Rationalismus erheblich mehr zugestanden als dem Geist des Christentums entsprechen dürfte.

Aber nicht nur durch die Methode, auch beim Inhalt fließt das Fremde ein und zwar um so stärker, da es von verschiedenen Seiten eindringt. Denn wenn Aristoteles das Bild der nächsten Welt beherrscht, so wirken bei den Begriffen von Gott und dem Zusammenhange des Alls die Neuplatoniker; das eigentümlich Christliche hätte sich kräftiger im wissenschaftlichen Bewußtsein darstellen müssen, wenn es sich gegen solche vereinte Wirkung rein hätte durchsetzen sollen. Thomas aber gehört selbst seiner menschlichen Art nach nicht zu den Denkern, welche der unterscheidenden Eigentümlichkeit des Christentums besondere Verwandtschaft entgegenbringen. Die Geschichte zeigt uns einen doppelten Typus von Philosophen, Denker friedlicher Entwicklung und Denker radikaler Umwandlung. Jene suchen alles freundlich zusammenzubringen und möchten in allmählicher Steigerung dem Ziel immer näher kommen; diese werden von der Tatsache einer gewaltigen Verwicklung im All beherrscht und machen zur ersten Bedingung der Rettung einen schroffen Bruch mit dem vorgefundenen Stande. Dort finden wir einen Aristoteles und einen Leibniz, hier einen Plato und einen Kant. Die Menschheit bedarf jedweder Art; welcher mehr, das gehört nicht hierher; soviel ist sicher, daß der zweite Typus dem Christentum verwandter ist, und daß Thomas dem ersten näher steht. Schließt er sich an Aristoteles als Meister an, so kann er innerhalb des Mittelalters als ein Vorläufer Leibnizens gelten. Aus solcher Denkweise vermag er die christliche Überzeugung, die ihn persönlich vollauf einnimmt, nicht zu genügender wissenschaftlicher Entwicklung gegenüber der antiken zu bringen.

Besser als allgemeine Erörterungen wird das ein Beispiel zeigen. Wenn die griechische Philosophie den Kern unserer Natur und die Aufgabe unseres Lebens vornehmlich in das Denken, das Christentum dagegen in die persönliche Gesinnung setzt, so hat Thomas ohne Zweifel durch Voranstellung des Intellekts viel Griechisches zum Nachteil des Christlichen aufgenommen. Ja wir dürfen sagen, daß er überhaupt das Christentum zu sehr als bloße Weltanschauung, zu wenig als wirksame Lebensmacht, als weltgestaltende Kraft versteht. Unbestreitbar ist die Hegemonie des Intellekts. In einen Akt des Denkens, nicht des Wollens, setzt Thomas unser höchstes Gut, und er stellt den ethischen Tugenden die intellektuellen voran. Wohl macht er in weiter Abweichung von Aristoteles das Schauen der göttlichen Herrlichkeit zum höchsten Vorwurf des Erkennens, und wenn es in dreifacher Abstufung (cogitatio, meditatio, contemplatio) zu solchem Gipfel aufsteigt, so wird fortwährend das Gemüt zu inniger Teilnahme aufgerufen; es ist eine andere Art des Erkennens, die Aristoteles, eine andere, die Thomas vorschwebt. Aber alle Wandlung läßt die Tatsache unangetastet, daß das Erkennen den Kern des Lebens bildet, daß die theoretische Vernunft den Vorrang vor der praktischen hat.

So zeigt es sich besonders deutlich bei der Behandlung des Problems des Bösen, das mehr als irgendein anderes die Geister von einander scheidet. Auch hier scheut Thomas nicht vor einem Begreifenwollen, einer rationellen Erklärung zurück. Er verficht die Lehre, das Böse sei von Gott zugelassen, damit größere Güter verwirklicht würden, die ohne jenes nicht zu verwirklichen waren; der Teil müsse verlieren, damit das Ganze gewinne; im besondern sei die Sünde geduldet, damit sich einerseits göttliche Liebe und Gnade, andererseits göttliche Gerechtigkeit an dem Sünder zu erweisen vermöge. Aber das Böse zulassen im Interesse eines größeren Guten, das heißt Böses und Gutes in eine Art von Abstufung bringen, das heißt sie nicht qualitativ, sondern nur quantitativ unterscheiden. Und das dürfte dem Geist des Christentums nicht entsprechen. Behaftet ferner solche Verteidigung der besten Welt die Weltordnung nicht mit einem Vorwurf, wie ihn der Gegner kaum schlimmer ersinnen könnte? Eine Welt, in welcher die höchsten Ziele nur durch das Mittel des Bösen erreichbar wären, in welcher Sünde sein müßte, damit sich die Tugend voll entfalte, sollte die beste, die sittlich beste sein! Das mag keinen Anstoß für einen Leibniz bilden, dem die Kraftentfaltung das höchste Gut bedeutet, das Leben als Leben vor aller näheren Bestimmung als wertvoll gilt; einen christlichen Denker, einen Thomas bringt jene Lehre in Widerspruch mit seiner eignen Grundüberzeugung. Aber wie konnte sich solcher Widerspruch verbergen? Doch wohl nur, weil das Mühen um einen kausalen Zusammenhang die Schärfe des ethischen Gegensatzes für das wissenschaftliche Bewußtsein abgestumpft hatte. Für das Bewußtsein, sagen wir. Denn daß Thomas aus seiner menschlichen Überzeugung das Böse nicht abschwächt, daß jener Gegensatz seine menschliche und religiöse Empfindung beherrscht, daß ihn eine tiefe Sehnsucht nach einer bessern Ordnung erfüllt, darüber kann kein Zweifel sein. Aber auf dem Wege zur begrifflichen Darlegung, so scheint es, milderten sich die ungeheuren Probleme; die Widersprüche in Denken und Leben, Leid und Dunkel, Sorge und Zweifel beherrschten Thomas nicht mit jener Glut der Empfindung, jenem aufwühlenden und vertiefenden Schmerze, die das Urchristentum alle andern Fragen über dieser einen vergessen ließen. Was vorhin als leidenschaftliche Bewegung das ganze Sinnen erfüllte, das ist nun gemäßigte Stimmung innerhalb eines weiteren Ganzen geworden. Nach dem allen können wir das thomistische System nicht für den abschließenden wissenschaftlichen Ausdruck der eigentümlich christlichen Gedankenwelt halten.

Doch es drängt weiter zum zweiten Teil unserer Aufgabe, zur Würdigung der Ergebnisse thomistischer Forschung. Wie aber eine solche finden? Meinungen gegen Meinungen zu setzen, hat keinen Wert, von hier aus hat keine Zeit ein Recht, als Richterin der früheren aufzutreten. Aber es ist nicht richtig, daß der geschichtliche Lauf nichts als eine Bewegung von Meinungen bietet. Hinter den Meinungen liegt die Arbeit, liegt die Gesamtgestaltung des menschlichen Lebens. An diese halten wir uns und fragen, ob sich hier nicht große Wandlungen vollzogen haben, ob eine neue Lage der Dinge hergestellt ist, und ob sich diese freundlich an Thomas anschließt oder nicht. Das Urteil, das sich von hier aus ergibt, ist mehr als ein Dafürhalten des bloßen Subjekts.

Daß wir dabei gemäß der alten Einteilung von Logik, Physik und Ethik die Lehren vom Erkennen, von der Natur und vom Geistesleben einzeln vorführen, empfiehlt sich leichter Übersicht wegen; eine Zusammenfassung sei dem Schluß vorbehalten.

Auf allen diesen Gebieten finden wir Thomas zunächst die aristotelischen Bahnen verfolgen. Wie Aristoteles versteht er das Verhältnis des Erkennens zur Welt in einer Weise, die sich technisch als naiver Realismus bezeichnen läßt. Unerschüttert ist die Überzeugung, daß Erkennendes und Erkanntes wesentlich zusammenhängen, daß der Gegenstand ohne Veränderung in das Denken einzugehen vermöge, daß unser Intellekt ein reiner Spiegel des Alls sei. Was wir Menschen den Dingen an sinnlichen Eigenschaften beilegen, das besitzen sie nach Aristoteles in eben der Art, wie wir es ihnen beilegen; was wir in wissenschaftlicher Forschung an Begriffen ausbilden, das ist eine ungetrübte Wiedergabe dessen, was die Dinge in ihrem eignen Wesen sind.

Es bildet das einen angemessenen Ausdruck antiker Weltanschauung, der Inneres und Äußeres als wesensverwandt in einen Lebensprozeß zusammengehen, der sich noch keine Kluft zwischen Subjekt und Objekt aufgetan hat. Aber eine wachsende Verinnerlichung des Lebens, eben auch durch das Christentum selbst, hat eine solche vertrauende Hingebung an die unmittelbare Welt unmöglich gemacht und den Menschen auf sich selbst zurückgeworfen; was Descartes zur wissenschaftlichen Formulierung bringt, sein Ausgehen vom Subjekt als dem archimedischen Punkt, das hat nur deshalb so überwältigend gewirkt, weil es weltgeschichtliche Wandlungen zum Ausdruck brachte.

Bei solcher Umkehrung der Lebensrichtung wird zur ersten Aufgabe, scharf zu scheiden zwischen dem, was dem Objekt, und dem, was dem Subjekt angehört. Dieser Aufgabe dient die Naturwissenschaft mit dem Auseinanderhalten des Empfindungsstandes und der eignen Beschaffenheit der Dinge, nicht minder aber auch die geschichtliche Forschung, wenn sie das echte Bild der Vergangenheit aus den zerstreuten und ungenügenden Mitteilungen, die von jener an uns gelangen, herauszuarbeiten sucht. Überall rückt die Tatsache, von der die Frühern wie von einem Sichern glaubten beginnen zu können, an das Ende des Weges; unsägliche Arbeit wird nötig, um von der Erscheinung zu ihr vorzudringen. Aber die Wandlung greift noch weiter. Ist einmal das Subjekt seines Beisichselbstseins inne geworden, so muß bald die Überzeugung erwachen, daß es etwas schlechthin Äußeres für uns überhaupt nicht gibt, daß unser Erkennen den Kreis unseres Lebens unter keinen Umständen überschreiten kann, daß der Gegensatz von Subjekt und Objekt sich in uns bildet und in uns zu überwinden ist. Daraus erwächst die Aufgabe, unser Dasein zu erweitern, den Lebensprozeß dahin auszudehnen, daß er fähig werde, jenen Gegensatz zu umspannen und den Widerspruch zu überwinden.

Das alles muß den Charakter von Denken und Leben durchaus verändern. Die erste Lage, die das naive Bewußtsein beherrscht, ist unwiederbringlich zerstört; zur Schwelle zwischen unwissenschaftlicher und wissenschaftlicher Denkweise wird der Zweifel; sein läuterndes Fegefeuer muß alle Bemühung um Wahrheit bestehen. An den Empfindungen, Neigungen, Zuständen ist fortwährend Kritik zu üben; über das Bloßmenschliche muß der Mensch in Entwicklung geistigen Lebens sich hinauszuheben suchen. Durchgängig greift dabei die Erschütterung und Wandlung über das Erkennen hinaus in das Ganze des Lebens; der Zweifel am Erkennen wird zur Sorge um einen Sinn und Wert des Lebens. Zu einem Makrokosmos, einer großen Welt, können wir nur vom Innern her gelangen.

In ungeheure Kämpfe sind wir durch das alles hineingeraten. Der Zusammenhang des Menschen mit einem All, den wir nicht aufgeben können, ohne ins Leere zu fallen, der Besitz eines allgemeingültigen Lebensgehaltes, den die Früheren wie etwas Sicheres an den Anfang stellten, sie sind uns in so weite Ferne gerückt, daß sie manchem ganz zu entschwinden scheinen. Die Spannung und

Aufregung des Lebensprozesses ist unermeßlich gesteigert. Unsere Zufriedenheit, unser subjektives Wohlbefinden mag dabei eher verlieren als gewinnen. Aber läßt sich bei allen Verlusten und Gefahren leugnen, daß das Leben freier, tiefer, geistiger geworden ist? Und unser Behagen ist wohl nicht der Maßstab der Wahrheit. Endlich aber können uns alle Kräfte nicht in jenen Stand naiver Hingebung zurückversetzen; nicht unser subjektives Belieben hat jene Probleme erzeugt; eine weltgeschichtliche Notwendigkeit hat sie uns auferlegt, ihr können wir uns nicht entziehen.

In der wissenschaftlichen Begreifung der Natur folgt Thomas Aristoteles ziemlich bis aufs Wort. Nun ist die aristotelische Physik ein großartiger Versuch, die Natur als ein innerlich belebtes, in aller Mannigfaltigkeit eng verbundenes und zweckmäßig geordnetes Ganzes, wir möchten sagen, als ein seelenvolles Kunstwerk zu verstehen. Alles einzelne ruht in sicheren Zusammenhängen und empfängt aus dem Ganzen seine Stellung und Aufgabe, alles Sichtbare hat eine Innenseite und wirkt aus innerem Triebe, denn gerade das scheint hier die Natur von dem Erzeugnis menschlicher Hand zu unterscheiden, daß sie den Grund von Ruhe und Bewegung in sich trägt. In vollem Gegensatz zur neueren Physik beherrscht hier die Vorstellung des Lebendigen die des Leblosen, des Ganzen die des Einzelnen. Ja, wir dürfen sagen, daß hier der menschliche Kreis für alles Naturleben Begriffe und Maßstäbe liefert, daß der Mensch sich in jenes hineinsieht und daher auch wieder heraussehen kann. Die Natur ist hier der Reflex des Innenlebens. Freilich müßte Aristoteles nicht der große Denker gewesen sein, der er war, wenn er alles Kleine und Enge des menschlichen Kreises ohne weiteres dem Weltall zugeführt hätte. Er hat das Menschliche in seiner Gesamtart zu verstehen und in gewaltiger Kraft der Abstraktion aus ihm Weltbegriffe zu entwickeln gesucht, die fähig wären, die Natur zu umspannen und ihr Dunkel aufzuhellen. Aber es wird dabei mehr eine Erweiterung als eine Umwandlung erreicht, die Abschleifung, welche das Menschliche erfährt, verhilft noch nicht dem Naturgeschehen zu seiner Eigentümlichkeit und Selbständigkeit. Das griechische Volk hat die mythologische Auffassung der Natur, ihre Erfüllung mit lebendigen Gestalten menschlicher Art, zu besonders reicher Ausbildung und Verwertung gebracht. Wohl teilte der Meister begrifflicher Forschung nicht die kindliche Vorstellung der Menge; daß aber seine Art, im Einzelnen wie im Ganzen die Natur seelisch zu beleben, eine Verwandtschaft mit ihr bewahrt, das ist nicht wohl zu verkennen.

Uns Neueren kann das nach der Arbeit der Jahrtausende nicht anders als eine Verkehrung dünken; wir müssen umsomehr Irrung von solchem Verfahren erwarten, je mehr der Riesengeist eines Aristoteles die Grundgedanken in die ganze Ausdehnung des Stoffes hineingearbeitet und Konsequenz auf Konsequenz gehäuft hat. Es erwuchs ein System, das einen Abschluß versuchte, wo die Nebel der Dämmerung erst zu weichen begannen, ein System, das für lange Zeit den zweifelnden und forschenden Geist mit eisernen Klammern festhielt, ein System, das den Schein einer vollgenügenden Erklärung bot, obschon ein wirkliches Begreifen der Naturvorgänge noch gar nicht möglich war. Oder darf da von Begreifung die Rede sein, wo die Naturkräfte sich als innere Strebungen darstellen, der Stein nach unten, das Feuer nach oben fährt, um in solchem Streben ihrer Natur zu gehorchen, wo alles Hin- und Herwirken zwischen schroffen Gegensätzen erfolgt, alle Mannigfaltigkeit des Geschehens auf qualitative Unterschiede der Grundstoffe zurückgeführt wird? Und wenn gar Wertbegriffe des Innenlebens die Natur erfassen, wenn sich das Geschehen je nach der Stellung und Leistung im Ganzen bald als natürlich, bald als nichtnatürlich ausnimmt, z. B. eine natürliche und eine nichtnatürliche Wärme unterschieden wird, wenn die Elemente verschiedene natürliche Örter im Weltall und durch die Richtung dahin eine verschiedene natürliche Bewegung erhalten, wenn sich endlich eine Physik des Erdballs und eine Physik des Himmelsgewölbes streng voneinander sondern, so weit, daß dort die gradlinige, hier die kreisförmige Bewegung als Grundform gilt, entschwindet da nicht alle Möglichkeit eines exakten Erkennens, eines Erkennens aus einheitlichen Grundgedanken? Gewiß, wir müssen sagen: Wissenschaft strengen Sinnes fand in dem allen sich nicht; was sich erreichen ließ und was in Wahrheit erreicht ward, ist mehr eine künstlerische Synthese als ein exaktes Begreifen. Darum brauchen wir nicht von der Physik des Aristoteles gering zu denken, noch weniger ihm aus dem Nichtvorausahnen der spätern Entwicklung irgendwelchen Vorwurf zu machen. Auf jeden Fall war er — aus den Verhältnissen seiner, nicht unserer Zeit gewürdigt — ein großer Naturforscher, unübertroffen vornehmlich in der Beobachtung und Zusammenfassung des organischen Lebens. Auch sein System als Ganzes behält durch das Band, das es zwischen dem Menschen und der Natur schlingt, durch seine Belebung der Welt um uns eine Anziehungskraft für das Gemüt und bleibt als eine künstlerische Anschauung vom All in Ehren. Als wissenschaftliche

Theorie aber hat es seine Zeit gehabt. Wahre Wissenschaft ist die Naturlehre in den letzten Jahrhunderten erst geworden, indem sie sich kräftig von Aristoteles losriß und in hartem Kampf gegen seine Schule Schritt für Schritt ihre Selbständigkeit errang. Errungen wurde diese nur unter fortschreitender Befreiung der Natur von menschlichen Begriffen und menschlichen Interessen. Die Natur mußte dem Menschen ferner rücken und eine Autonomie erlangen, um ihren eignen Gehalt rein erschließen zu können. Auch die Herrschaft über ihre Kräfte, nach welcher die Neuzeit von ihrem Beginn an stürmisch verlangte, ist nur unter Zurückstellung aller eigentümlich menschlichen Begriffe und Maßstäbe gewonnen worden; der Mensch mußte der Natur erst dienen, um sie schließlich beherrschen zu können. So ist alles gegen früher verwandelt. Der unmittelbare Eindruck der sinnlichen Welt wird als ungenügend zurückgeschoben, aus dem Reich der Erscheinungen trägt der Gedanke in das von wirkenden Kräften, ein neues Weltbild steigt vor den Augen des Geistes auf.

Was aber kühner Entwurf im Umriß vorausnehmen darf, dessen Durchführung fordert unermeßliche Arbeit; diese Arbeit muß verschiedene Stufen durchlaufen, um ihre Aufgabe lösen zu können. Vor allem mußte das, was bei Aristoteles als zusammenhängend und untrennbar verbunden erschien, sich in kleine und kleinste Elemente zerlegen, damit die bewegenden Kräfte des großen Getriebes ersichtlich würden. Alsdann galt es die einfachsten Wirkformen dieser Kräfte zu ermitteln und auf einen präzisen Ausdruck zu bringen, Naturgesetze mathematischer Art zu finden, während Aristoteles den Terminus Naturgesetz nicht hat und den Begriff wenigstens nicht zu genügender Klarheit bringt, die Mathematik aber durch sein Verstehen aus qualitativen Unterschieden geradezu ausschließt. Endlich aber war an der Hand der grundlegenden Einsichten der Tatbestand der gegebenen Welt aus einfachen Anfangsständen herzuleiten, die Idee der Entwicklung mußte das Ganze wiedergewinnen lassen, das die Forschung zunächst im Interesse einer wissenschaftlichen Begreifung auflösen mußte, während dem alten Forscher die Zeitlosigkeit der Formen nur eine Entfaltung der Einzelwesen, nicht aber eine allmähliche Gestaltung des Weltganzen anzunehmen erlaubte. Analyse, Gesetz, Entwicklung, das sind die leitenden Ideen der neueren Wissenschaft, die Prinzipien, welche nicht nur immer reichere Einsichten gebracht, sondern auch die Erfahrungen erst ermöglicht haben, auf denen die technische Herrschaft des Menschen über die Natur beruht. Der aristotelischen Forschung hingegen entspricht ein vorwiegend kontemplatives Verhalten des Menschen zur Natur; ihre Kräfte in seinen Dienst zu ziehen, das versteht er nicht und versucht es auch nicht. So haben sich große Wandlungen vollzogen. Gewiß verbleiben schwierigste Fragen; in der mechanischen Naturbegreifung können auch wir nicht den letzten Abschluß sehen. Aber innerhalb ihres Kreises hat jene Begreifung ihr Recht durch vollwichtige Leistung erhärtet, es läßt sich unmöglich die alte Fassung im Widerspruch dazu aufrecht halten. Man konnte bis ins 17. Jahrhundert, man kann aber nicht mehr heute der aristotelischen Physik anhangen.

Noch weniger aber läßt sich die aristotelisch-thomistische und die moderne Art in harmonischen Einklang bringen, wenn man nicht sich in Einzelheiten zerstreuen und einen zusammenhängenden Sinn preisgeben will. Alle logische Geschicklichkeit kann höchstens einen leidlichen Schein erzeugen. Die einzelnen Ergebnisse der neuen Forschung in das alte System hineinzupressen, die Widersprüche mit Hilfe weiterer und weiterer Distinktionen nicht sowohl zu heben als zu verstecken, das erfordert einigen Scharfsinn, einige Gewandtheit, aber auch nicht mehr. Man braucht aber nur auf das Ganze zu blicken und die leitenden Prinzipien der beiden Denkweisen klar herauszuarbeiten, und jenes Machwerk des Scharfsinns bricht zusammen. Die moderne Naturwissenschaft ist einmal mehr als ein Nebeneinander einzelner Leistungen und Fertigkeiten, auch bei ihr hängt schließlich alles Einzelne am Ganzen.

Auf menschlichem Lebensgebiet besteht ein harter Gegensatz zwischen den Neueren und Thomas namentlich in der Fassung des Verhältnisses von Individuum und Gesamtheit. Freilich ist hier die Neuzeit, wie sie sich im Meinen und Streben der Einzelnen darstellt, unter sich keineswegs einig. Breiten Strömungen der Neuzeit gilt das Individuum für sich, ohne allen Zusammenhang mit einer geistigen Welt, mit aller Zufälligkeit und Enge seines Daseins, als der höchste Wert; aus dem Wirken dieser einzelnen Individuen soll sich die Kultur entwickeln und das Geistesleben entstehen. Wäre diese Richtung der vollentsprechende Ausdruck der Neuzeit, so würden wir uns lieber als zu dieser zu Thomas und dem Mittelalter stellen. Denn jene Auflösung des Lebens in einzelne Atome muß schließlich unserem Dasein allen geistigen Charakter rauben, das aber ist schlimmer und unerträglicher als alle Einengung und Verkümmerung, womit das Festhalten an mittelalterlicher Art bedroht. In der Energie der Abweisung eines solchen naturalistischen Individualismus kann das thomistische System uns nicht übertreffen. Aber eine Partei ist nicht die Zeit, und das Bewußtsein der Einzelnen nicht der Tatbestand des Lebens der Menschheit. Was im modernen Streben kernhaft und schöpferisch war, ist nicht vom isolierten Individuum, sondern von dem in geistigen Zusammenhängen wurzelnden Vernunftwesen ausgegangen. Aber daß diese Zusammenhänge vor allem innerlicher Art seien, und daß das Vernunftwesen alle äußere Ordnung auf eine innere gründen müsse, dafür ist die Neuzeit mit ganzem Nachdruck eingetreten und ist dadurch vom Mittelalter unversöhnlich geschieden. Denn diesem war das Ganze, dem der Einzelne sich einfügen sollte, etwas sichtbares und geschichtlich gegebenes; an eine greifbare Organisation ward das Denken und Leben des Menschen gebunden, an der Zugehörigkeit zu solcher sichtbaren Organisation hing seine Geistigkeit. Wird aber der Einzelne bis in alle Weite und Tiefe seines Wesens einem solchen körperhaften Ganzen, einem seiner Tätigkeit vorangehenden Ganzen schlechtweg eingefügt, so findet sich für Freiheit kein Platz, und die Innerlichkeit weicht in einen stillen Winkel des Gefühls zurück, wie ihn die Mystik mit ihrer Gottesfreundschaft bietet. Die Gedankenrichtung des christlichen Mittelalters folgte hier namentlich dem Vorgang Augustins. Wie sein Wesen sublime Geistigkeit und starke Sinnlichkeit eng miteinander verschmolz, so kannte sein System eine Tatsächlichkeit geistigen Lebens nur zusammen mit sichtbarer und greifbarer Verkörperung. In Weiterbildung dieser Art pflegte auch das Mittelalter die Wirklichkeit des Geistigen an eine körperliche Darstellung zu binden. Nur wenn es in solcher Versinnlichung Fleisch und Blut gewonnen hatte, schien das Innere lebenskräftig. Verschmolzen aber Geistiges und Sinnliches, Inneres und Äußeres, Ewiges und Geschichtliches zu einem untrennbaren Ganzen, so mußten sich die Forderungen der Gedankenwelt in ganzem Umfange auf die in Zeit und Raum gegebene Organisation übertragen, was immer für die Idee galt, auch für ihre Verkörperung, was für das Gottesreich, auch für die Kirche zu gelten verlangen. Solche Verschmelzung mit ihrer Konzentration war für gewisse Zeitverhältnisse unzweifelhaft eine Stärke, sie behauptet darüber hinaus eine gewaltige Macht über das menschliche Gemüt, aber die Bewegung der Menschheit hat über sie hinausgedrängt; sie hat das Geistesleben weiter und freier über das Sinnliche hinausgehoben, sodaß nun die äußere Betätigung nicht mehr ein wesentlicher Bestandteil, sondern nur ein Ausdruck und Zeichen der geistigen Vorgänge sein kann. Diese Wendung entsprang an erster Stelle nicht etwa kleinen subjektiven Antrieben des Unglaubens oder des Ehrgeizes, sondern vielmehr dem Verlangen des geistigen und sittlichen Wesens nach einem von aller äußeren Organisation unabhängigen, unmittelbaren Verhältnis zu Gott und zum All. Was sich auf religiösem Gebiete als Scheidung einer sichtbaren und einer unsichtbaren Kirche darstellt, das erweist sich als ein durchgehender Charakterzug des modernen Lebens, es erfolgt in ihm die Entwicklung einer selbständigen Geisteswelt, eines für sich wertvollen Innenlebens. In solches Innenleben wird alles eingetragen, was von außen kommt; hier hat es sein Recht zu erweisen und seinen Sinn zu finden. Damit hob sich unermeßlich die Bedeutung des Individuums, dessen Unternehmen bis dahin meist mißtrauisch behandelt war. Denn nunmehr gilt seine seelische Tiefe als die Stätte, wo allein ursprüngliches Leben aufgeht, wo eine unsichtbare Welt sich dem sichtbaren Dasein mitteilt, und von wo ihr Wirken sich über alle Lebenskreise erstreckt. Damit verschiebt sich die Stellung des Menschen zu aller und jeder äußern Organisation; die Teilnahme an einer geistigen Welt hebt ihn über den Stand der bloßen Abhängigkeit hinaus; das Wesen, das unmittelbar vom Allleben schöpft, kann nicht mehr ein bloßes Glied eines sichtbaren Ganzen sein. Eben die Bindung im Innern verlangt eine Freiheit nach außen.

Darum finden wir in Wahrheit durchweg das moderne Individuum beim Werke des Ganzen in lebendigerer Initiative, in energischerer Mitarbeit. Und zwar nehmen an der Umwandlung auch solche teil, deren Bewußtsein das Neue leidenschaftlich bekämpft. Selbst die Art der Bekämpfung zeigt oft, daß man dem neuen Geiste Tribut zollen muß. So geht es z. B. in dem Streit über Autorität oder Freiheit. Die Veränderung der geistigen Lage macht die Autorität ihren eignen Anhängern zu etwas anderem als vordem. Denn da heute der Mensch sich dem Zwange nicht entziehen kann, die Unterwerfung unter ein Höheres vor seiner eignen Überzeugung zu begründen, so vertreten auch die Vorkämpfer der Autorität dieselbe nicht mehr wie etwas selbstverständliches, sondern sie rechtfertigen sie mit bestimmten Gründen vor sich selbst wie vor den anderen. Das aber heißt den Feind in das eigne Lager aufnehmen. Denn eine auf den Boden der Reflexion gestellte, eine in den Streit gezogene und auf den Beistand der Individuen angewiesene

Autorität, eine Autorität, die Rechenschaft ablegt, ist keine echte Autorität mehr; eine solche muß wirken durch ihr eignes Schwergewicht, sie darf als allumfangendes Element gar keinen Gegensatz haben. Auch in der nähern Gestaltung des gesellschaftlichen Lebens gehen die Wege des Thomismus und der Neuzeit weit auseinander. In der Politik folgt Thomas zunächst der Lehre des Aristoteles. Mag er hier und da einige Selbständigkeit bekunden, z. B. bei der Empfehlung der Monarchie, in den Vorschriften für das Prozeßverfahren usw., es ist charakteristisch für ihn, daß er unbedenklich eine Staatslehre als die seinige annimmt, die auf grundverschiedenen geschichtlichen Verhältnissen ruht, daß er das ihn umgebende Mittelalter entweder gar nicht beachtet oder es mit den Augen einer früheren Zeit ansieht, in die Begriffe einer vergangenen Welt zwängt. Von einem „christlich germanischen" Staatsideale, dem Traumbild mancher Neuern, findet sich bei Thomas nicht die mindeste Spur. Eben dies Nichtsehen des Nahen ist freilich echt mittelalterlich, aber doch wohl eine Schranke, nicht ein Vorzug des Mittelalters.

Daß Thomas für die nationale Seite des Staates, für die Individualitäten der Völker kein Interesse hat, bedarf bei dem mittelalterlichen Denker keiner Bemerkung und keiner Entschuldigung. Der neuern Kultur aber ist das Zusammenwirken, die gegenseitige Ergänzung der Völker ein wesentliches Stück des Lebens geworden, und es hat sich zugleich die geistige Bedeutung der Nationalität aufs erheblichste gesteigert. Sollen wir das unbekümmert um Thomas festhalten oder es aufgeben, um streng bei ihm zu verbleiben?

Aber der Staat ist für Thomas nur die Vorstufe der Kirche, und die hierauf bezüglichen Lehren sind es, welche die modernen Überzeugungen am härtesten mit ihm zusammentreffen lassen. Dabei ist wiederum zunächst der Kern des Streites gegen etwaige Verdunklung klarzulegen. Nicht das steht in Frage, ob das Wirken des Staates ethischen Aufgaben zu dienen habe, auch nicht das, ob die von der religiösen Überzeugung ergriffene Welt aller sichtbaren Ordnung überlegen sei. Das kann jemand entschieden bejahen und sich doch im Gegensatz zu Thomas wissen. Denn die Macht, welcher Thomas den Staat unterordnet, ist nicht ein rein geistiges Reich, sondern die Kirche als sichtbares, geschichtlich gegebenes, fest organisiertes Ganzes, ein Reich von dieser Welt, eine Art von geistlichem Staat. Denn wenn irgend, so kommt hier das zur Geltung, was vorhin erörtert wurde, die Verschmelzung von Geistigem und Sinnlichem zu unzertrennlicher Einheit. Was die religiöse Überzeugung dem Gottesreich zugesteht, das übertrug sich ohne weiteres auf die Kirche; weil das Göttliche vor dem Weltlichen steht, darum schien es, müsse die Kirche vor dem Staat, das Priestertum vor dem Königtum stehen. Freilich bewahrt unsern Denker das Maßvolle seiner Art wie die prinzipielle Scheidung des Weltlichen und des Geistlichen davor, jene Lehre in die äußerste Schroffheit logischer Konsequenz zu entwickeln. Er läßt dem Staat ein eigentümliches Gebiet des Wirkens, es soll nicht natürliches Recht durch göttliches gebrochen werden. Aber die eigentlich geistigen Aufgaben bleiben der Kirche vorbehalten, und ihr hat der Staat sich unterzuordnen. Dem Papst als dem Oberhaupt der Kirche müssen ebenso wie dem Erlöser (sicut ipsi domino nostro Jesu Christo) alle christlichen Fürsten untertan sein; die Kirche entscheidet, ob einem ungläubigen Herrscher zu gehorchen sei oder nicht, sie verwehrt, einem abtrünnigen zu gehorchen. So steht die Kirche an Macht unbedingt voran. Aber wenn sie damit mehr an sich reißt, als wir Neuern ihr zugestehen können, so gerät sie innerlich durch jene Verschmelzung des Sichtbaren und des Unsichtbaren selbst viel zu sehr unter den Einfluß der Staatsidee und wird statt eines Reiches der Religion viel zu sehr Staat, wenn auch geistlicher Staat. Wie die Theologie, welche sich die Philosophie unterordnen wollte, innerlich der Macht eines spekulativen Rationalismus verfiel, so hat die Kirche mit ihrem Eingreifen in die sichtbare Welt dem Äußern eine vorwaltende Macht über das Innere gegeben, sie hat den Charakter der religiösen Gemeinschaft nicht genügend gegen den der Rechtsgemeinschaft gewahrt. Was in der von innen her verstaatlichten Kirche geschieht, wird viel zu sehr ein Gewebe äußerer Beziehungen, ein System von Leistungen und Gegenleistungen; die Aufgaben erhalten den Charakter von Rechtsgeboten, zu deren Erfüllung der Einzelne selbst durch physische Gewalt gezwungen werden kann. Wer z. B. den Christenglauben einmal annahm, der hat damit nach Thomas ein bindendes Versprechen gegeben, das zu halten ihn die Kirche mit allen Machtmitteln zwingen kann[1]); wer der Lebensgemeinschaft der Kirche angehört, der schuldet ihren Ordnungen und ihrem Oberhaupte für alle Zeit Gehorsam wie eine unverbrüchliche Rechtspflicht; wer in

---

[1]) Accipere fidem est voluntatis, sed tenere eam acceptam est necessitatis. Et ideo haeretici sunt compellendi ut fidem tencant.

ihr aus eignem Bedünken neue Lehren aufzubringen sucht, der gleicht einem Münzfälscher, für den die härtesten Strafen nicht zu hart sind; wer aber ein Gelübde ablegte, etwa sein Leben einem besondern kirchlichen Stande zu weihen, der würde Gott sein Wort brechen, wollte er je davon zurücktreten. Überall fehlt die Anerkennung dessen, daß geistige Dinge nicht aus geistiger Freiheit herausfallen dürfen und nicht nur anfängliche, sondern fortdauernde innere Zustimmung fordern; es mangelt die Einsicht, daß Wandlungen der Überzeugung auch aus zwingenden Gründen des Gewissens erfolgen können. Vielmehr sieht es so aus, als wenn aller Zweifel, alle Abweichung aus bösem Willen entspringe, aus einem hochmütigen Nichtgehorchen-, Nichtzustimmen-Wollen, einem Zurückstoßen des Göttlichen mit dem klaren Bewußtsein, daß es göttlich sei. Das aber ist ein folgenschwerer Irrtum. Gewiß ist alle Entscheidung des Menschen über die letzten Fragen von Welt und Leben nicht bloß und nicht vornehmlich eine Sache des bloßen Verstandes, sie steht in innigem Zusammenhang mit der Gemütsart und der Willensrichtung, mit dem Ganzen des menschlichen Seins. Aber das anerkennen heißt nicht das Ja und Nein einzelnen bewußten Willensakten zuweisen und daraus eine Schuld machen, die der Mensch vor Menschen zu verantworten hätte. Und nun gar die Vorstellung, als wenn jeder Abweichende selbst das Recht, ja die Göttlichkeit dessen innerlich anerkennte, das er bekämpfte und zu schädigen suchte! Muß nicht eine solche Annahme den wildesten Haß entfesseln und die äußerste Strenge empfehlen? Von diesem Punkt aus würden sich alle Werke der Inquisition noch heutigen Tages rechtfertigen lassen. So kennt hier auch der persönlich milde Thomas keine Milde, und wir dürfen uns dessen nicht wundern. Denn in Wahrheit folgt aus den gegebenen Prämissen alles Einzelne mit unabweisbarer Konsequenz; auch das Härteste ist nicht eine paradoxe Übertreibung, sondern eine pflichtmäßige Forderung aus dem Grundgedanken. Wenn Thomas wie die Kirche in der Praxis eine gewisse Abschwächung zuläßt, so geschieht das nicht aus innerer Anerkennung, sondern lediglich in kluger Erwägung des Möglichen, aus Rücksicht auf die bestehenden Verhältnisse; die Kirche hält aus Gründen der Zweckmäßigkeit zeitweilig mit ihrem Anspruch zurück, aber was sie als unvermeidlich erträgt, ist sie weit entfernt als Recht zu gewähren. So konzediert sie, was sie konzediert, mit der Absicht, es zurückzuziehen, sobald die Zwangslage beseitigt ist und eine weitere Annäherung an das unverwandt festgehaltene Ziel möglich wird. Sie kennt abweichenden Prinzipien gegenüber Waffenruhe, aber keinen Frieden. — In allem diesem liegt die Wandlung des weltgeschichtlichen Lebens offen zu Tage. Die Beziehungen von Staat und Kirche im besondern haben sich über alles Meinen und Mögen der Individuen hinaus tatsächlich verschoben durch die Ausbildung eines reichen, dem spezifisch kirchlichen Kreise gegenüber selbständigen Lebensgehaltes in Wissenschaft und Kunst, in Gesellschaft und Erziehung, kurz einer universalen Kultur. Gewann dadurch die Menschheit eine neue Art der Gemeinschaft und des Zusammenhanges, so ward zum Schutz und zur Vertretung der neuen Geisteswelt auch eine neue Organisation, eine neue Rechtordnung nötig. Dies ist der Staat der Neuzeit; er müßte sich selbst und die ihm anvertrauten Güter preisgeben, wenn er sich der kirchlichen Macht, dem geistlichen Staate, dienstwillig unterwerfen wollte.

Wie aber der Staat einen reichern Inhalt gewann, so hat er auch seine Form gegen Altertum und Mittelalter beträchtlich verändert. In neuer Weise tritt jetzt der Staat als begriffliche Einheit auf und entwickelt eine immanente Gesetzlichkeit. Es vollzieht sich eine Ablösung der Staatsidee von der individuell-menschlichen Lebensform. Auch Aristoteles und Thomas waren davon so weit wie möglich entfernt, den Zweck des Staates in das Wohlsein der Einzelnen zu setzen, den Staat selber aber behandeln sie wie ein Wesen menschlicher Art, wie einen Menschen im Großen. Die Neuzeit dagegen hat hier einen mehr unpersönlichen, einen sachlichen Gehalt herausgearbeitet.

So ist die Lage bis zum Grunde verwandelt. Auch wer sich dem Neuen nicht anschließen kann, vermag das Alte im alten Sinne nicht festzuhalten. Wer heute thomistische Überzeugungen bekennt, vertritt etwas anderes als Thomas selber vertreten hat. Denn der mittelalterliche Denker fand das Kulturleben entweder in engstem Zusammenhange mit der Kirche, oder er mochte doch hoffen, das Draußengebliebene ohne Störung und Zerstörung seiner Eigenart dem kirchlichen Lebenskreise einfügen zu können. Heute steht die Sache anders. Da sich einmal eine reiche Kultur, eine reichere als je zuvor, auf allgemeinmenschlicher Grundlage und in Ablösung vom spezifisch Kirchlichen gestaltet hat, so müßten große Schritte der Bewegung zurückgetan, so müßte überaus viel, nicht verwandelt, sondern verworfen werden, wenn Thomas' Ideen unter uns auferstehen und sich siegreich durchsetzen sollten. Auch was an Leidenschaft in ihnen ruht, wäre unermeßlich gesteigert. Wir sträuben uns gegen jene harte Beurteilung der Häretiker und der Schismatiker, aber wir wollen nicht vergessen, daß dieselben Thomas eher als Vereinzelte erscheinen konnten, welche die große Heeresstraße der Menschheit eigensinnig verließen. Jetzt aber geht der Spalt durch die christliche Welt. Sollen nun alle Protestanten des Todes schuldig sein, sollen protestantische Fürsten kein Recht mehr auf Gehorsam rechtgläubiger Untertanen haben? So sehen wir nicht, wie bei klarer Entwicklung der Sache folgendem Dilemma zu entgehen sei. Wer die Tatsache einer nichtkirchlichen Kultur und die vorhandene Glaubensspaltung irgend als zu Recht anerkennt, verleugnet das Prinzip; wer streng am Prinzip festhält, muß dessen Schroffheit unermeßlich steigern, muß sich einer geistigen Welt feindlich entgegenstellen. Das aber entspricht wiederum nicht der universellen, versöhnlichen Art des mittelalterlichen Denkers. Darum muß man heute entweder weniger oder mehr als Thomas wollen. Thomisten im Sinne des Thomas kann es nicht mehr geben und gibt es in Wahrheit nicht mehr.

Bei der erhöhten und wachsenden Bedeutung der sozialen Aufgaben darf auch Thomas' Stellung dazu nicht unbeachtet bleiben; eine Philosophie, die als bleibende Norm verkündigt wird, muß auch hier die Probleme wenigstens im Prinzipe lösen. Nun ruhen die ökonomischen Lehren des Thomas auf einer ihrer Gesinnung nach unverwerflichen Grundlage, bei der Aristoteles und das Christentum zusammenwirkten. Die Sorge um die äußern Güter, um die Verbesserung der äußern Verhältnisse ist ihm nicht der Kern des Tuns, ihm geht der Mensch nicht darin auf, Güter zu produzieren, der Inhalt der Geschichte nicht darin, einen möglichst hohen Stand materieller Kultur zu erzeugen, ohne Sorge darum, was aus dem lebendigen Menschen, seiner Beschaffenheit, seinem Wohle werde. In die Theorie des modernen Industrialismus kann sich die thomistische Lehre nicht schicken; das sei ihr keineswegs zum Vorwurf gemacht. Aber ein anderes ist die menschliche Gesinnung, ein anderes die technische Gestaltung. Hinsichtlich dieser wird schwerlich zu leugnen sein, daß der Lauf der Geschichte sowohl den wirtschaftlichen Prozeß anders zu fassen als neue Mittel zur Abhilfe sozialer Schäden zu suchen gezwungen hat.

Die Bedeutung und die Selbständigkeit des wirtschaftlichen Prozesses anzuerkennen hindern Aristoteles verschiedene Gründe. Aus dem Zusammenhange der Lebensanschauung fließt hier die Überzeugung, daß die äußern Güter nur als Mittel der Darstellung des Innern, nur im Dienste geistiger Tätigkeit Wert besitzen;

da jener Zweck bestimmte Grenzen setzt, so ist der Besitz nur bis zu einem gewissen Punkte schätzbar. Diese zunächst für das Privatleben aufgestellte Lehre überträgt sich ohne weiteres auf das gesellschaftliche Ganze und läßt auch dessen wirtschaftliche Tätigkeit durchaus nach Art der privaten verstehen. Wie der einzelne Mensch die äußern Güter nur in Hinblick auf geistige Zwecke erstreben, nichts verlangen soll, das er nicht in lebendiges Tun umzusetzen vermag, so soll es sich auch im Gemeinwesen verhalten: kein Streben nach Besitz ins Endlose, kein Verlangen des Reichtums um des Reichtums willen, sondern alles Erwerben nur für bestimmte ethisch-politische Zwecke und nach dem Maß dieser Zwecke. Was immer die wirtschaftliche Tätigkeit von solcher Schranke emanzipieren mag, wird mißtrauisch angesehen; so vornehmlich das Geld, das, ursprünglich zur Erleichterung des Tauschhandels aufgebracht, bei der einmal vorhandenen Genuß- und Gewinnsucht des Menschen sich leicht davon losreißt und als Selbstzweck begehrt wird. Damit aber ist eine abschüssige Bahn betreten. Nach Lösung der Beziehung auf das zum Wirken Notwendige geht das Streben ins Endlose weiter und entfremdet immer mehr den Menschen der naturgemäßen Lebensaufgabe. Besonders dann, wenn er das Geld zum Mittel neuen Gelderwerbes macht, aus dem Darleihen des an sich unfruchtbaren Metalles Vorteile zieht. Darum ist nicht etwa bloß ein übermäßiges, sondern alles und jedes Zinsnehmen als unrechtmäßiger Wucher streng zu verwehren. Solche Grundüberzeugungen werfen auch auf das, was in der erwerbenden Tätigkeit nicht geradezu unerlaubt scheint, einen gewissen Makel. Als Triebfeder alles das direkt Verwendbare überschreitenden wirtschaftlichen Strebens gelten hier nur Habsucht und Eigennutz. Großproduktion und Großhandel finden demnach kein Verständnis; die staatliche Ordnung wird sie eher hemmen als fördern müssen. Diese Ausführungen, die das kanonische Recht weiterentwickelt und befestigt hat, haben wir hier nicht näher zu prüfen. So viel ist außer Zweifel, daß diese direkte Beziehung und einfache Unterordnung der erwerbenden Tätigkeit unter abgegrenzte ethisch-politische Aufgaben, solche Eintragung individueller Begriffe und Wertschätzungen in das Gesellschaftsleben keine Selbständigkeit der wirtschaftlichen Tätigkeit, keinen zusammenhängenden wirtschaftlichen Prozeß gestatten. Das Gebiet, das sich uns in ein Ganzes gefaßt hat, ist hier in lauter vereinzelte Erscheinungen aufgelöst.

Nun aber hat sich hier nicht durch die Begriffe der Schule,

sondern durch die Tatsachen des Lebens eine eingreifende Umwälzung vollzogen, und es hat die wirtschaftliche Tätigkeit nicht so sehr durch Irrung oder Habsucht der Individuen als durch eine Verschiebung der Verhältnisse eine andere Stellung erlangt. Die aristotelische Geringachtung des erwerbenden Tuns war schon deswegen nicht zu behaupten, weil sie auf der Aussonderung einer bevorzugten Minderheit aus der Masse der Menschen beruht. Es klingt ideal, daß der Mensch nicht Geld und Gut erstreben, sondern sich allein der Forschung oder dem Staatsleben widmen solle; es zeigt sich als keineswegs ideal, sobald erwogen wird, daß nur die Arbeit der als Handwerker oder Sklaven Verachteten und geistig Aufgeopferten, der „beseelten Werkzeuge", jene Hingebung möglich macht. Thomas ist hier erheblich milder, sowohl weil sich ihm das Leben mehr vom Äußern ins Innere zurückzieht als weil ihm Not und Elend der Menschen viel näher geht als dem antiken Denker. Aber eine volle Würdigung der Arbeit fehlt, und ganz unbedenklich wird von Sklaven gesprochen.

Ferner hat sich der Neuzeit der Wert der äußern Güter und die Bedeutung des ihnen zugewandten Strebens auch innerlich erhöht. Besonders fällt dafür ins Gewicht die Idee einer ins Endlose fortschreitenden Kraftentwicklung. Solange das Geistesleben sich aus unwandelbar gegebenen Faktoren zu gestalten schien, solange besonders eine gewisse Beschaffenheit des Innern von Natur mit sichern Zügen angelegt galt und das Innere des Äußern etwa zur Entfaltung, nicht aber zu wesentlicher Erhöhung bedurfte, so lange mochten die äußern Bedingungen nebensächlich dünken, so lange eine Größe der Gesinnung in ihrer Geringachtung gefunden werden.

Dem überwiegenden Zuge der Neuzeit scheint dagegen — ob mit Recht, bleibe hier unerörtert — keineswegs eine bestimmte Beschaffenheit mitgebracht, sondern die Beschaffenheit bildet sich erst in der Tätigkeit, aus dem Lebensprozeß selbst steigt das Wesen empor. Der Prozeß aber kann sich nicht entwickeln ohne eine Hilfe der äußern Güter. Mit der Anerkennung ihrer anregenden und zurückwirkenden Kraft wird ihre Bedeutung unermeßlich erhöht. Aber die Bewegung geht noch weiter. Der Prozeß erscheint dem spezifisch modernen Bewußtsein nicht mehr bloß als ein Mittel zur Erreichung eines Endzustandes, sondern als völliger Selbstzweck; das Leben findet seine Aufgabe darin, sich selbst in fortschreitender Steigerung der Kraft ins Unbemessene zu erhöhen.

Die Befestigung dieser Überzeugung läßt die äußern Güter als an sich schätzbar erscheinen, da sie die Macht und mit der Macht den Gehalt und das Glück des Daseins erhöhen. So befindet sich in der Neuzeit die materielle Kultur in ganz anderer Schätzung als sie im Altertum und Mittelalter stand. Den Begriffen und Schätzungen aber entsprechen tatsächliche Wandlungen des wirtschaftlichen Lebens. Als sein Träger erscheinen nunmehr nicht sowohl die Individuen als die Nationen, es erwächst die Tatsache und die Theorie einer Volkswirtschaft, ja aus allem Streit der Völker erhebt sich die Idee einer die ganze Menschheit umfassenden Arbeit, die der Natur die Bedingungen vernünftigen Lebens abringt. Mit den Zielen steigt das Aufgebot geistiger Kraft. Die fortschreitende Verzweigung der Arbeit, die Ausbildung der modernen Technik sowie des modernen Kreditwesens, die Loslösung der Produktion von einem bestimmten Konsumtionsgebiete, die gesteigerte Leistung des Handels usw., alles wirkt dahin, die Bedeutung der Aufgabe zu erhöhen. Inneres und Äußeres, Ideen und Tatsachen drängen vereint dahin, der wirtschaftlichen Tätigkeit eine Selbständigkeit und Ebenbürtigkeit gegenüber den andern Gebieten zu erkämpfen. Immer weniger läßt sich verkennen, daß der wirtschaftliche Prozeß eine innere Gesetzlichkeit besitzt, eine Gesetzlichkeit, die zwecktätigem Wirken der Menschheit nicht unzugänglich zu sein braucht, die aber über alles individuelle Mögen und Meinen weit hinausragt.

Daß mit dem allen ein fertiger Stand erreicht sei, daß das Ganze einen endgültigen Abschluß bilde, das kann nur wähnen, wer sich den Sorgen und Kämpfen der Zeit verschließt und vom Lebensziel der Menschheit nicht eben hoch denkt. Aber mögen zunächst mehr Probleme als sichere Erfolge gewonnen sein, die Lage ist jedenfalls bis zum Grunde verändert. Wenn es töricht ist, Aristoteles und Thomas dafür zu tadeln, daß sie keine Antwort bringen, wo die Zeit noch keine Frage gestellt hatte, so ist es nicht minder verfehlt, Antworten finden zu wollen, wo man nicht daran dachte, solche zu suchen.

Die Unzulänglichkeit der älteren Wirtschaftslehre bekundet sich weiter in der Stellung der frühern Denker zu den Mißständen des sozialen Gebietes, zur sozialen Pathologie.

Aristoteles hat kommunistischen Ideen Platos eine Verteidigung von Privateigentum und Familie entgegengehalten, deren schlichter Gehalt den Kernpunkt der Sache nach der ethischen und der psychologischen Seite in mustergültiger Weise trifft. Auch ist ihm die Überzeugung, daß das Wohl der Gesellschaft sich nicht durch überraschende Kunststücke hervorzaubern lasse, sondern sich von innen her aufbauen müsse, nicht wie so vielen andern ein bequemer Vorwand geworden, die Dinge gehen zu lassen, wie sie eben gehen. Aber was er an Fürsorge der Gemeinschaft für die Einzelnen aufbringt, beschränkt sich auf die selbständigen Glieder seines Staates; zu einem Mühen um den Menschen als Menschen hat seine Theorie sich nicht erhoben. Thomas geht hier erheblich weiter, die Sorge für die Bedrängten ist ihm ein wesentliches Stück der christlichen Ethik, die gegenseitige Verpflichtung der Menschen wird von ihm mit aller Kraft vertreten. Aber wir sehen ihn weit mehr darauf bedacht, die Folgen der Not zu heben, als ihre Quellen zu verstopfen, weit mehr darauf, Leid und Elend zu lindern, als dem Bedrängten zu einer selbständigen sozialen Existenz zu verhelfen. Das aber hatte seinen guten Grund. Das Interesse wird letzthin viel zu sehr durch die Frage des Jenseits beherrscht, das Irdische scheint daneben viel zu gleichgültig, als daß ein Vernünftigmachen der Wirklichkeit hätte zur Aufgabe werden können; auch der Macht des Menschengeschlechts hätte Thomas schwerlich ein solches Unternehmen zugetraut.

Nun hat hier nicht nur das Drängen der Neuzeit nach möglichster Vernunft des menschlichen Daseins die Aufgabe ungemein erhöht, sondern es sind die Schwierigkeiten in ungeahnter Weise gesteigert durch die Einführung der Maschine in der Arbeit. Immer gewaltiger wirkt von hier die Macht des Mechanismus gegen Freiheit und Individualität. Einem weltumspannenden Getriebe eherner Gesetzlichkeit gegenüber scheint aller guter Wille, alle Initiative des Einzelnen machtlos; der bloße Aufruf der Gesinnung dünkt hier nicht wirksamer als die Beschwörung der Naturgewalten durch Zauberformeln. Blinde Naturkräfte stellen sich wider die Vernunft, auch den bezwingend, der zu gebieten glaubt. Soll nicht die Menschheit ihnen verfallen und ein bloßes Werkzeug eines seelenlosen Prozesses werden, so tut eine kraftvolle Konzentration geistiger Gegenwirkung, tun neue Organisationen, tun mehr als alles neue Ideale not. Was will man gegenüber allen diesen neu eröffneten Aufgaben, gegenüber einer welterschütternden Krise mit Thomas leisten? Soll er Heilmittel für Schäden enthalten, von denen er keine Ahnung haben konnte? Oder wollen wir etwa, um ihm treu zu bleiben, das ganze moderne Erwerbs- und Verkehrsleben umwälzen, etwa die Maschine beseitigen, etwa seine Lehre durchführen, daß man keinen, auch nicht den mindesten Zins nehmen dürfe? —

Damit dürften die wichtigsten Gebiete der Forschung berührt sein; suchen wir zum Schluß uns aus der Verzweigung zu einem Ganzen zu finden.

Punkt für Punkt stellte sich heraus, daß seit Thomas sich die Art des Geisteslebens für das Ganze der Menschheit wesentlich verändert hat. Vor aller Verschiebung der Leistung nach außen steht eine tiefgreifende Umgestaltung des Lebensprozesses selbst. Denn auf allen einzelnen Gebieten erhellte, daß seit Thomas ein Bruch mit dem unmittelbaren Befunde des menschlichen Bewußtseins eingetreten ist, daß überall der Inhalt wie die Form des persönlichen Lebens, wie sie geschichtlich vorlagen, für die Weite und Tiefe einer Welt universalen Geisteslebens sich als ungenügend erwiesen haben. Der Fortschritt der Bewegung hat jene persönliche Lebensform als zu eng gesprengt und ihr gegenüber eine immanente Natur der Dinge herausgearbeitet. Diese unter Ablegung des Kleinmenschlichen anzueignen, das ist nun zum Hauptziel geworden. An allen Stellen ist eine Entfernung von der ersten menschlichen Lage erfolgt. Beim Erkennen fiel die enge Verbindung von Subjekt und Objekt, es fiel die Versetzung unserer Empfindungen und Begriffe in ein draußen befindliches All. Jenseits alles subjektiven Befindens soll sich eine Wahrheit der Sache erschließen. Die Natur hat ihre Selbständigkeit und Eigengesetzlichkeit gefunden, alle menschliche Zutat abgestreift, alles Innenleben aus ihrem Bereiche verbannt. Auch das Geistesleben ist der Wandlung nicht entgangen: das zeigen sowohl die Grundbegriffe von ihm als die Gestaltung der menschlichen Organisationen. Ein gesetzlich verlaufender Geistesprozeß löst sich von den Zuständen der Individuen ab und wirkt als eine den Einzelnen überlegene Macht. Zugleich sind in Staat und Arbeitsgesellschaft Gesamtgebilde erwachsen, die ein immanentes Recht behaupten und in seiner Verfolgung sich wenig um das Behagen der Individuen kümmern. Durchgängig sind wir davon abgekommen, die Aufgaben der Menschheit in den Formen und mit den Kräften des empirisch-persönlichen Einzellebens lösen zu wollen. So wird, was uns als das sinnlich Nächste umfängt, verlassen und der Gehalt wie die Unmittelbarkeit, welche dem Leben die erste Lage nicht mehr zu bieten vermag, in einer Gedankenwelt gesucht.

Das alles hat die Menschheit in aufregende Gefahren, in peinliche Konflikte, in schwere Erschütterung gebracht. Das Neue, das wir erstreben, mag als ein schlechthin Unpersönliches, Vernunftloses, Ungeistiges verstanden werden; es kann sich gegen das

Innere, gegen alle Ideale wenden und sie zu erdrücken scheinen. Es mag aussehen, als sei alle Vernunftaufgabe der Menschheit nur eingebildet und das Leben ohne einen geistigen Kern. — Solche Gefahren waren keineswegs bloße Luftgebilde. Ein weiter Abfall von den Idealen ist in Wahrheit erfolgt, auf jedem der Hauptgebiete hat eine Bewegung wider den Geist viel Macht und Ausdehnung erlangt. Skeptizismus beim Erkennen, Materialismus der Naturansicht, Mechanismus im Staats- und Gesellschaftsleben, sie scheinen sich gegen den Vernunftgehalt des menschlichen Daseins zu verbünden. In anderer Richtung wirkt zu grenzenloser Verwirrung der Individualismus, der notwendig aufschießen muß, sobald der Mensch die äußeren Zusammenhänge verlassen, innere aber noch nicht zur Genüge gefunden hat.

Das ergibt eine chaotische Lage. Wir können es niemandem verargen, dem der erste Eindruck Zweifel an der ganzen Bewegung erregt. Aber der Forscher hat allerdings durch tiefergehende Erwägung jenen Eindruck zu überwinden.

Irrungen und Mißstände sind da. Gewiß. Aber sie sind mit ihrer erschütternden Macht doch wohl nicht aus bloßem Vorwitz, Mutwillen, ja Bosheit der Einzelnen entsprungen. Sollten sie nicht vielmehr als Begleiterscheinungen großer geistiger Wandlungen zu verstehen sein, die keiner leugnen noch gänzlich abweisen kann? Solche Wandlungen mit ihren eingreifenden Leistungen in allem und jedem Sinne für verfehlt, für widervernünftig erklären könnte nur, wer die Bewegung der Menschheit durch keine innewohnende Notwendigkeit geleitet erachtete, wer etwa jenseits der Welt eine Vernunft verehrte, das Weltleben selbst aber für geist- und gottverlassen hielte. Es will uns bedünken, daß solcher Unglaube an eine Gegenwart des Göttlichen in der Geschichte nicht gerade im Sinne des Thomas ist. Vielleicht würde seiner Art eher die Hoffnung entsprechen, daß was an geistigem Streben aus zwingenden Gründen begonnen ward, irgendwie auch gelingen werde[1]), sowie die Überzeugung, daß jene Wendungen gegen den Geist nur daher entsprangen, daß beim Übergang zu einer höhern Lebensform einzelne Gedankenreihen aus der Bewegung herausgefallen, daß vorläufige Negationen völlige Abweisungen geworden sind, und daß sich daher in der Meinung der Menschen als ungeistig ausnimmt, was innerhalb des Ganzen zur Erhöhung dienen kann. Und so fragen auch wir: kann sich nicht in allen Kämpfen und Wirren ein

---

[1]) Gemäß seinem Satze naturale desiderium non potest esse inane.

neuer Gehalt, und mit dem Gehalt auch ein neuer Begriff des Geistes herausarbeiten? Kann nicht das Prinzip der Persönlichkeit eine innere Erweiterung vollziehen, in der es den Forderungen des Alls gewachsen wird? Notwendige Vernunftaufgaben sind nicht schon hinfällig geworden, weil gewaltige Erschütterung uns belehrte, daß sie sich nicht durch vertrauenden Anschluß an die erste Lage, nicht mit rasch zulangender Tat in einem lösen, sondern nur unter schweren Opfern und in hartem Kampfe allmählich fördern lassen. Darum muß auch die Philosophie unerschüttert an dem Werke festhalten und unermüdlich daran arbeiten, die Menschheit jener unsichtbaren Welt zu vergewissern, woraus dem Einzelnen die Lebensquellen fließen, sowie durch Erringung eines die Gegensätze umfassenden Lebens die Spaltung zu überwinden, welche durch die Ablösung des Tuns vom ersten Lebensstande erwachsen ist.

Es war vorhin von christlicher Philosophie die Rede; der Begriff ist voller Probleme, seine gewöhnliche Fassung vermag uns nicht anzuziehen. Das aber möchten wir fragen, ob jene Notwendigkeit, mit der ersten Lage in Kampf und Entsagung zu brechen, eine neue überlegene Welt zu ergreifen und erst aus ihr dem Dasein einen Sinn und Wert zu geben, ob das alles zu dem Grundzuge des Christentums sich so feindlich verhält, des Christentums, das nicht zunächst dogmatisch und kirchlich, sondern philosophisch und menschlich verstanden wird?

Jedenfalls ist der Kampf des Alten und des Neuen ein Zusammenstoß weltumfassender Gedankenmassen. Eine friedliche Vereinbarung suchen kann nur eine flache Verkennung des Problems. Ein Entweder — Oder ist unverkennbar. Dem Anhänger des Alten wird das Neue als eine Verflüchtigung der Geisteswelt, das unsichtbare All, in dem der moderne Idealismus seine Stellung nimmt, als ein bloßes Phantom erscheinen; dem Neuen muß das Alte mit seiner Bindung des Geistigen an eine sinnliche Verkörperung als eine Vergröberung und Einengung gelten, die Veräußerlichung und Erstarrung mit sich bringt. Wer in diesem Kampfe die Oberhand erlangt, das werden weniger theoretische Erörterungen oder leidenschaftliche Angriffe als tatsächliche Beweise des Geistes und der Kraft entscheiden.

Wie immer hier aber die Entscheidung schwanken mag, dabei ist zu beharren, daß das Alte in seinem Sinne sich nach den mächtigen Bewegungen der Jahrhunderte nicht wieder aufnehmen läßt. Auch wer zu ihm zurückkehrt, findet es nicht als das wieder, was es früher war. Das gilt im besondern von Thomas. Gerade was bei ihm vornehmlich bedeutend und wirksam war, die allumfassende und versöhnende Art, das was der Philosoph an ihm „katholisch" nennen könnte, das wäre nunmehr aufzugeben. Denn was damals den ganzen Umfang des Lebens zu umspannen vermochte, das findet sich jetzt einer neuen Welt gegenüber, mit der es unvermeidlich aufs härteste zusammenstoßen muß; was von der Überzeugung erfüllt war, daß alle große Leistung einen wertvollen Kern enthalte, das müßte nun einen Abfall und damit einen Riß in der Geschichte behaupten. So würde, was irenisch gedacht war, gegen den Sinn des Urhebers polemisch gewandt, und das universal Angelegte vom weiteren Lebenskreise der Menschheit sektenartig abgesondert. Mögen Scharfsinn und dialektische Gewandtheit solche Mißstände einigermaßen verdecken, nie können sie dem Frühern die Unmittelbarkeit der Wirkung, die Unbefangenheit der Hingebung gewinnen, die es hatte, als es die Höhe der Zeit war. So kommen wir durchgängig zu dem Ergebnis, daß der Thomismus heute etwas anderes besagt als im Mittelalter; mag es viele geben, die sich Thomisten dünken, Thomisten im Sinne des Thomas gibt es nicht mehr.

Daher hat das System des Thomas seine Zeit gehabt. Der doctor angelicus hat an einem Wendepunkte des geschichtlichen Lebens Hervorragendes gewirkt. Er hat große Aufgaben, vor allem die Aufgabe der Ausgleichung der geistigen Interessen, in großem Sinne behandelt; er hat den gesamten damaligen Lebenskreis durchdacht und enger zusammengefügt; er hat die verschiedenen Elemente in viel fruchtbare Beziehung gebracht; er hat die antike Forschung dem Denken des Abendlandes enger verknüpft; er hat die Selbständigkeit wissenschaftlicher Arbeit anbahnen helfen; er hat zur wissenschaftlichen, vornehmlich zur logischen Schulung der Geister erheblich beigetragen. Das alles aber hat er in milder und edler Gesinnung, in unablässigem Streben nach Gerechtigkeit gegen Person und Sache getan. Daher sprechen wir nicht gegen ihn, den wir nach dem Vorbilde Leibnizens aufrichtig schätzen, sondern nur gegen die, welche ihn seiner Zeit entfremden und ihn als zwingendes Joch der Gegenwart auferlegen.

Denn unter den gänzlich abweichenden Verhältnissen der Gegenwart von neuem eingreifende Macht erlangen kann Thomas nimmermehr. Mag die gelehrte Forschung sich wieder mehr mit ihm befassen, — in einem Systeme, wo Aristoteles, Plotin, Augustin einander begegnen, und von wo sich so viel für die Folgezeit anbahnt, gibt es noch immer viel zu ermitteln —; mag die Polemik sein Denken zum Standort wählen, um Mängel und Schäden der Gegenwart zu beleuchten, — warum sollten wir uns einer solchen Kritik von vornherein verschließen? Aber mit dem allen wird nicht erreicht, daß Thomas' System das Gesamtleben der Gegenwart fördere und den Zug der Zeit beherrsche. Alle autoritative Empfehlung gibt ihm nicht die Kraft, neue Antriebe zu wecken und neue Probleme zu lösen, die Gemüter bis zur Tiefe zu durchdringen und ihnen den Frieden der Überzeugung zu geben, den die Neuzeit so schwer vermißt.

In das Dämmerlicht historischen Bewußtseins, in dem Thomas innerlich widerstreitende Gedankenmassen zusammenzubringen vermochte, können wir, die der Fortgang der Zeit schärfer sehen gelehrt hat, uns nicht wieder zurückversetzen; die gewaltigen Wandlungen in Erkennen, Natur und Geistesleben können wir weder ungeschehen machen noch prinzipieller Bedeutung entkleiden. In eine naivere Form des Geisteslebens können wir ebensowenig zurückkehren, wie wir frühere Lebensperioden anders als in der Erinnerung wiederaufnehmen können.

So bleibt es dabei. Vergangenes zu neuer Lebenswirkung zu führen, liegt nicht im Vermögen des Menschen, und hängt daher nicht am Meinen und Wollen eines Einzelnen, und wäre er noch so mächtig, noch an dem vieler, und wären sie alle zusammen. Denn um mit dem Worte eines mittelalterlichen Denkers zu schließen, „wie der Mensch nicht die Wahrheit der Dinge festsetzt, so kann sie auch nicht menschlicher Wille zerstören".[1]

---

[1] Joh. Saresberiensis (s. Schaarschmidt S. 232); veritatem rerum quoniam eam homo non statuit, nec voluntas humana convellit.

Nachwort.

Das Schriftchen über Thomas hat in seiner ersten Auflage viel Beachtung gefunden und hat namentlich in kirchlich katholischen Kreisen viel Erörterung hervorgerufen; einen ausführlichen Versuch einer Widerlegung brachte namentlich die Vereinsschrift der Görresgesellschaft für 1887 („Die Philosophie und Kultur der Neuzeit und die Philosophie des H. Thomas von Aquino. Von Aurel. Adeodatus"); auch das Ausland hat an der Debatte sich mannigfach beteiligt. Dabei ward oft mein Streben, dem Thomas gerecht zu werden, freundlich anerkannt, ja ich bin gelegentlich als Zeuge für die Bedeutung des Thomas angeführt worden. Aber das Hauptstreben war natürlich, meine Beweisführung zu widerlegen, die einzelnen Gründe Punkt für Punkt zu entkräften. Die ausländischen Autoren wahrten dabei stets einen urbanen Ton, bei den deutschen erschien bisweilen jene Plumpheit bäurischer Art, die wir aus der kleinen klerikalen Presse kennen, welche Gründe durch Grobheit glaubt ersetzen zu können, und damit aus der Sphäre nicht nur der Wissenschaft, sondern auch der Bildung heraustritt. Nicht ein einziges Wort sei daran verloren!

Die bessere und überwiegende Art der Kritik habe ich sorgfältig daraufhin geprüft, wie weit sie eine Umgestaltung des Büchleins notwendig mache. Als Ergebnis dessen sind in der Neubearbeitung einzelne Ausdrücke klarer und richtiger zu fassen gesucht, auch konnte ich dem öfter erhobenen Vorwurf nicht alle Berechtigung absprechen, daß in der früheren Darstellung die protestantische und die moderne Fassung des Christentums zu sehr seinem Gesamtbegriff gleichgesetzt werde. Die Hauptthesen der Schrift aber: die innere Unvereinbarkeit des Aristoteles mit dem Christentum, sowie das Unvermögen des Thomismus, den Gehalt der modernen Kultur in sich aufzunehmen, sind durch alle Polemik in keiner Weise erschüttert worden; jenen Thesen kann sich nur entziehen, wer das Charakteristische der großen Lebenssysteme wie der Epochen bis zur Stumpfheit abschleift, und dieses wiederum wird nur möglich, indem man die Welten in ein bloßes Nebeneinander einzelner Leistungen zerfallen läßt, sie nie ins Ganze und Prinzipielle faßt. Nur das macht es z. B. möglich, sich die einzelnen Ergebnisse der modernen Naturwissenschaft anzueignen und nicht zu gewahren, daß nur eine wesentlich neue Stellung des Menschen zur Natur sie hervorbringen konnte; nur so mag man die moderne soziale Arbeit schätzen und mitmachen ohne zu erkennen, daß sie ein wesentlich anderes Verhältnis des Menschen zum Ganzen der vorgefundenen gesellschaftlichen Lage und ein gesteigertes Bewußtsein vom Vermögen des Menschen in sich trägt. Wo man in solcher Weise nur einzelnes neben einzelnem sieht, wo man die Dinge nicht von den schaffenden Kräften und treibenden Gründen her, sondern nur in dem Nebeneinander ihrer Erscheinung betrachtet, da können Scharfsinn und logisches Geschick auch das Verschiedenartigste ganz wohl zusammenbringen, ja da könnte man sich ohne Überhebung anheischig machen, auch den schroffsten Gegensatz in ein freundliches Zusammensein zu verwandeln. Bei Verzicht auf Geist und Prinzip in der Würdigung der Gedankenwelten kann vieles als möglich erscheinen, was in Wahrheit unmöglich ist.

Wie uns aber alle Abweichung nicht daran hindern sollte, die Bedeutung des Thomas vollauf anzuerkennen, so liegt es uns auch fern, der thomistischen Bewegung der Gegenwart allen Wert abzusprechen. Nach der gelehrten Seite hin hat sie den Nutzen, eine genauere wissenschaftliche Durchforschung der Scholastik anzuregen, die wir um so mehr zu schätzen wissen, je mehr die Forschung der letzten Jahrzehnte ein viel weiteres Hineinreichen der Wirkungen der Scholastik in die Neuzeit aufgedeckt hat, als früher anerkannt wurde. Im besondern ist unsere wissenschaftliche Terminologie ohne eine genaue Kenntnis der Scholastik nicht zu verstehen. Was immer daher in dieser Richtung zur Durchforschung der Scholastik geschieht, das können auch wir anderen durchaus würdigen.

Ferner verkennen wir keineswegs die Bedeutung der logischen Schulung, welche die Scholastik der Menschheit gebracht hat, und die sich mit ihrem Studium noch immer zu verbinden pflegt. Für die logische und dialektische Schulung geschieht bei dem eiligen Tempo des heutigen Lebens viel zu wenig, man stürzt sich rasch in die Bewegung und den Kampf hinein, ohne zuvor genügend die Kraft und Gewandtheit zu üben. Daß logisches Geschick eine zweischneidige Waffe sei, daß mit seiner Hilfe sich leicht die schlichte Wahrheit verdunkeln, ja Recht in Unrecht verkehren lasse, ist gewiß nicht zu verkennen, aber die Möglichkeit eines Mißbrauchs schmälert nicht die Bedeutung der Waffe. Weiter ist überhaupt die bedeutende Stellung anzuerkennen, welche die Philosophie bei Thomas und im Thomismus bis in die Gegenwart hinein erhält. Wohl wird sie hier ihren Ergebnissen nach schließlich der Theologie, wie alle Vernunfterkenntnis der Offenbarung untergeordnet, aber sie gilt als eine bedeutende, ja unentbehrliche Vorstufe dieser, sie hat eine große Aufgabe darin, den religiösen Wahrheiten einen umfassenden Hintergrund zu geben und ihre universale Gültigkeit zu verfechten. Damit erscheint die Philosophie als ein unentbehrliches Stück aller echten Kultur, sie erschöpft sich nicht in die Arbeit für das Ziel, das ihr oft genug innerhalb des kirchlichen Protestantismus gesteckt ward und auch heute noch bisweilen gesteckt wird: das völlige Unvermögen der menschlichen Vernunft gegenüber den göttlichen Dingen darzutun. Solche Überzeugung kann nie ein tiefes Verlangen nach philosophischer Einsicht und ein energisches Mühen darum erzeugen; dazu ist nötig, daß der Philosophie auch für die höchsten Fragen eine positive Leistung zugetraut wird; das aber geschieht bei Thomas und den Thomisten.

Auch ihrem Inhalt nach flößt uns die thomistische Philosophie insofern aufrichtige Achtung ein, als alle Mannigfaltigkeit ihrer Leistungen sich in ein einziges großes Problem zusammenfaßt. Dies Problem aber ist eine umfassende Synthese des gesamten Lebensgehaltes der Menschheit. Denn es ist das Verlangen nach einer Synthese, nach einer durchgreifenden Organisation, das Thomas die Welt der natürlichen Vernunft und die der Religion, und in der Religion wiederum die geschichtliche Ordnung der Kirche und das übergeschichtliche Ewigkeitsleben der Mystik miteinander auszugleichen und in ein Ganzes des Lebens zusammenzufügen treibt. Diese Aufgabe ist notwendiger und bleibender Art, nun und nimmer kann die Menschheit auf irgendwelche Zusammenfassung des Lebens zu innerer Einheit verzichten. Aber ein anderes ist es, das Recht und die Bedeutung der Aufgabe zu würdigen, ein anderes, die dargebotene Lösung als endgültig anzuerkennen. Thomas hat das Problem aus der Lage seiner Zeit vortrefflich behandelt, aber diese Zeit ist viel zu eigentümlich, und es sind gegen sie viel zu große Verschiebungen erfolgt, als daß die damals gebotene Lösung die Menschheit dauernd festhalten könnte. So gewiß daher das auf Thomas gegründete System in der Stellung der Frage eine Stärke hat, in der Art der Antwort liegt seine Schwäche. Das Leben ist, so zeigte unsere ganze Betrachtung, über die dort gesteckten Schranken weit hinausgewachsen, es läßt sich mit seiner Fülle, seiner größeren Selbständigkeit der einzelnen Gebiete, seiner weiteren Ablösung von der unmittelbaren Daseinsform des Menschen unmöglich in sie zurückzwängen. Auch die Form der Verbindung: das bloße Nebeneinanderlegen und Abstufen der einzelnen Gedankenwelten kann uns nicht mehr genügen, wir müssen auf einer inneren Umspannung der Mannigfaltigkeit, auf einem Hervorgehen der verschiedenen Komplexe aus Erfahrungen und Bewegungen des Ganzen bestehen. Auch können wir nicht glauben, daß jene Einigung an einem besonderen Punkt der Geschichte für alle Zeiten erfolgt sei, wir sehen in ihr eine Aufgabe, die sich im Lauf der Weltgeschichte immer wieder erneuert, deren Lösung wir uns nur durch fortwährende Arbeit hindurch und in einem Wechsel von Konzentration und Expansion allmählich zu nähern vermögen. Wird im Widerspruch zu solcher Forderung der Sache die Synthese einer besonderen Zeit für alle Zeiten festgelegt und durch zwingendes Machtgebot gegenüber allen Wandlungen aufrecht gehalten, so sind schwere Mißstände nicht zu vermeiden. Zeitliches will dann als Ewiges, Menschliches als Göttliches gelten, immer größer wird die Gefahr, daß bei der Verfechtung der Sache die Sorge um Macht und Erfolg, um Nutzen und Zweckmäßigkeit in unheilvoller Weise auch bei geistigen und göttlichen Dingen um sich greife, und daß die Frage der Sicherheit, des sich Sicherfühlens der Menschen die Wahrheit der Sache verdränge. Wir anderen, die wir jene Festlegung als eine unerträgliche Verengung und Erstarrung ablehnen müssen, wissen ganz wohl, daß wir mit der Größe der Freiheit auch die Gefahren der Freiheit auf uns nehmen, daß wir nur durch Kampf und Zweifel hindurch einen Aufstieg zur Wahrheit finden können. Aber wir wissen zugleich, daß nicht wir selbst uns diese Lage bereitet haben, sondern daß eine überlegene Macht sie uns auferlegt hat; wir können unmöglich zu einer Hilfe unsere Zuflucht nehmen, die wir als bloße Scheinhilfe klar durchschauen, und die das Problem nicht sowohl löst als versteckt.

Uns hält vielmehr das Vertrauen aufrecht und läßt uns die Arbeit gegenüber aller Schwere der Verwicklung und aller Flachheit der Verneinung getrost und freudig weiterführen, daß, was in einer inneren Notwendigkeit unseres Lebens und Wesens begründet ist, schließlich immer wieder durch alle Verdunklung und

Hemmung siegreich durchbrechen und seine Überlegenheit erweisen werde. Der Unglaube liegt weit weniger auf seiten dessen, nach dessen Überzeugung das Ewige immer von neuem der bloßen Zeit zu entringen ist, als vielmehr auf seiten dessen, der am Ewigen irre wird, wenn nicht eine zeitliche Verkörperung es ihm sichtbar und greifbar macht.